# ハーバードの自分を知る技術

悩めるエリートたちの人生戦略ロードマップ

what you're really meant to do
a road map for reaching your unique potential

ロバート・スティーヴン・カプラン
robert steven kaplan

福井久美子 訳

CCCメディアハウス

夢を追いなさいと、
いつも私を励ましてくれた両親に。

What You're Really Meant to Do
A Road Map for Reaching Your Unique Potential
by Robert Steven Kaplan

Published by arrangement with Harvard Business Review Press,
Watertown, Massachusetts
through Tuttle-Mori Agency, Inc., Tokyo

# あなたの潜在能力を引き出すために

とりわけ、自分自身に正直であれ
――『ハムレット』

「成功」とは何でしょうか？　あなたはどうやって夢をかなえるつもりですか？

成功とは、次々とすばらしい実績を積み上げることですか？　桁外《けた》れの財産、身分、地位、権力を手に入れること？　あるいは両親、家族、友人を喜ばせることでしょうか？

私がこの本を書いたのは、これらの問いについて考えるためであり、あなたが自分の願いをかなえられるよう、道筋を作るためでもあります。

私は三〇年以上、このテーマに取り組んできました。そうして確信したのは、あなたの願望を成就するカギは、「成功する」ことではない、むしろあなたにしかない潜在能力を引き出すことだ、ということでした。

そのためには、周囲が〈成功〉だと言うものを鵜呑《うの》みにせずに、あなたが自分で〈成功〉とは何かを定義する必要があります。

この道筋をたどるのは容易ではありません。というのも、この道筋を進むには、自分を知らなければならず、また仕事や人生に関する一般常識や他人の意見をシャットアウトする必要があるからです。

あなたが自分の納得のいく選択をすると、家族や恋人、友人、同僚からバカにされるかもしれません。周囲の心配（または反対）をかわす鈍感力を身につけた方がいいでしょう。

この本では、常識とは異なる道筋を紹介します。最終的には、この道筋の方がより充実感を得られると私は信じています。私は、多くの人に対して、それぞれの潜在能力を引き出せるよう指導・アドバイスしてきました。この道筋は、私が指導するなかで得た教訓と私自身が仕事や人生で体験したことをベースにして作ったものです。

この方法を実践するには勇気と努力が必要です。実践したからといって、明白な答えが得られるわけでも、目的地にたどり着けるわけでもありません。それどころか、一生階段を上り続けなければなりません。また、今までとは違った思考様式《マインドセット》を習得し、新しい習慣を身につけることも必要です。

私がはじめてこのテーマについて話したのは、金融業界で企業経営に関わっていたときのことでした。二〇年以上にわたって、私は世界各地で多くの事業を主導しました。困難な状況に何度も直面し、さまざまな人を管理し、アドバイスを提供しました。

こうした体験を通して、私はリーダーシップの役割、個人の成長、人間の可能性というものについて、深い洞察を得るようになったのです。

二〇〇五年の秋にハーバード大学の経営学部に赴任すると、私はこれらのテーマを体系的に考えるようになり、また教えるようになりました。『ハーバード・ビジネス・レビュー』の二〇〇八年七~八月号に、このテーマに関する論文も寄稿しました。

すると、この論文を読んでその実践方法に興味をもった人たちから、電話やメールが来たり、訪問を受けたりするようになりました。

二〇〇九年には、ハーバード・ビジネススクールで「本物のリーダーとは」という講座を教えることになりました。[1] これはメドトロニック社の元CEO、ビル・ジョージが、その名著『リーダーへの旅路——本当の自分、キャリア、価値観の探求』(邦訳・生産性出版)を基に創設した講座です。[2]

この講座をもったことで、私の思想はよりはっきりと形作られ、さらにはリーダーシップを発揮する活動やアドバイスにも深みが増すようになりました。

## 誰もが唯一無二の存在

置かれている状況とは無関係に、人間にはその人にしかないスキルや個性があります。これまでの人生、長所、短所、夢、悩みもそれぞれ違います。

だとしたら、理想の道も人それぞれ違うと思いませんか? なぜ私たちは他人をまねるのですか？　画一的に定義された〈成功〉をめざすのはなぜですか？

あなたの知り合いのなかで、人と違う道を選んだ人を思い浮かべてください――会社を立ち上げた人、儲かりそうにないキャリアに足を踏み出した人、非営利団体に就職した人、「流行《はや》っている」企業や「かっこいい」企業など気にせずに就職先を選んだ人など。

こうした人たちの多くは無名の存在です。スティーブ・ジョブズやビル・ゲイツのように、類《たぐ》い希《まれ》な成功者としてビジネス誌の表紙を飾る人もいますが、彼らが大学を中退してガレージで事業をはじめたときは、誰も彼らを応援しようとはしませんでした。

彼らはなぜ勇気を出して人と違う道を選ぶことができたのでしょうか？　きわめて有能だったので、どんなキャリアを選ぼうが絶対に成功すると確信していたのでしょうか？　それとも、特殊な習慣と思考様式《マインドセット》を身につけていたので、直感に従って行動できたのでしょうか？

## あなたが生まれもった使命とは？

ある思考様式《マインドセット》を身につけ、特定の行動が取れるようになれば夢を実現しやすくなると、私は確信しています。

自分に対する理解が深まる習慣、能力アップにつながる習慣、信念を貫き通しやすくなる習慣もあります。さらに、人生やキャリアを切り開くのに役立ちそうな方法もあります。

この本は、物質的な豊かさ、地位、権力を手に入れるための指南書ではありません。

これは、自分自身を発見するための本です。自分のスキルを認識したり、自分を再発見したり、何がやりたいのかを見極めたりするのを手助けするための本なのです。

各章では、演習を伴うプロセスを紹介します。これはスピリチュアルなプロセスではありませんし、一般的な回答や安易な解決策を提供するものでもありません。精神科医や心理学者のようなメンタルヘルスの専門家によるサポートの代わりにもなりません（メンタルヘルス関連のサポートが必要だと思う方は、専門家に相談することをお勧めします）。

目的はむしろ、あなたの自己啓発系の筋肉を鍛え、新しい筋肉をつけるのをサポートすることです。

## 潜在能力を発揮するために

私の前著 *What to Ask the Person in the Mirror: Critical Questions for Becoming a More Effective Leader and Reaching Your Potential*（鏡のなかの自分に訊く——優れたリーダーとなり、潜在能力を発揮するための質問力）のときと同様に、本書でも読者は自分に問いかけ、たくさんの演習を行うことになります。

前著では、影響力の強いリーダーとなって組織を改善するには、何を自問すればいいかを解説しました。この本では、あなたが自分自身への理解を深めて独自の潜在能力を引き出すには、何を問いかけ、どんな行動を取ればいいかを考えます。

繰り返しますが、これは多くのお金、高い地位、大きな権力を得るためのノウハウを伝授する本ではありません――もっとも、本書が指し示す道筋をたどると、結果的にそうなるケースが多々ありますが。

この本の目的はむしろ、あなた個人の成長を促し、充実感を味わい続けられるような道筋を築き上げることなのです。

本書は8章から成り、その全体像は図1‐1のような構成になります。各章の内容は以下の通りです。

## 第1章　あなたが生まれもった使命

第1章では、あなたの潜在能力を発揮するための前提条件を説明します。それから、この道筋を進むためのルールも紹介します。

本書で紹介する概念を吸収し、行動に移すには、ある思考様式《マインドセット》を身につけなければなりませんが、それにはこのルールに従う必要があります。長旅に出るときと同じように、適切な心構えでスタートを切る方がいいからです。

本書のアドバイスは簡単に実践できますが、あなたの思い込みや心構えを見つめ直さなければ、このプロセスをしっかりとは消化できないでしょう。この飛躍を成し遂げるのはたやすくはありませんし、時間もかかります。

図 1-1

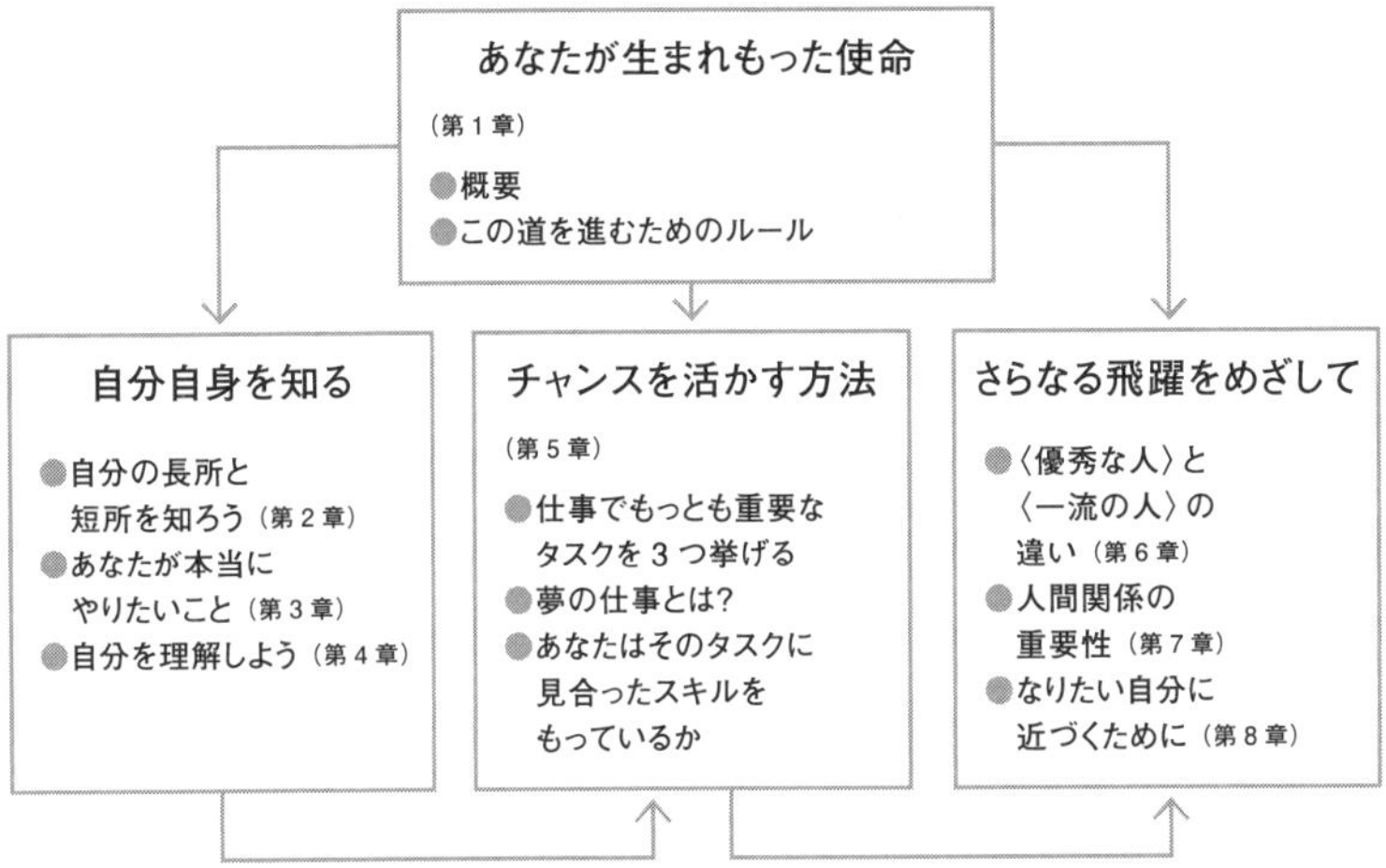


## 第2章　自分の長所と短所を知ろう

長所と短所の評価など簡単だと思うかもしれませんが、やってみると意外に難しいものです。私が尋ねた人の多くは、自分の一番の長所をきちんと把握していませんでした。また、ほとんどの人は自分の短所を正確に言い当てられませんでした。

第2章では、あなたの長所と短所を見極めます。長所と短所の評価方法を紹介すると共に、今後も定期的にスキル評価を行うための方法も説明します。

また、自分の長所と短所をどう扱うかをテーマに、いくつかの戦略を紹介します。それからコーチングの役割について検証し、自分のスキルを活かすには多少は恥をかく覚悟がいるということもお話しします。

## 第3章　あなたが本当にやりたいこと

あなたはどんなタスクを楽しいと感じますか？　熱意は出世とどう関係しますか？　好きなことを仕事にすると高収入が得られると思いますか？　今すぐ夢を追うべきか、それともお金がたまるまで待つべきでしょうか？　あなたは自分の夢の仕事に適《かな》うだけの能力をもっていますか？

多くの人は、自分が何をしたいかがわからずに悩みます。とりわけ、今の仕事が楽しいと思えない人は深刻に悩みます。

このような葛藤は、悪循環を生むことがあります。というのも、仕事に対する熱意が足りない人は、出世できずに同じ仕事を続けなければならない場合が多いからです。好きになれない仕事で高い実績を収めるのは容易ではありません。

第3章では、あなたが心から好きなことは何かを見極めるテクニックを紹介します。さらには、あなたのその情熱を仕事やキャリアに活かす方法も模索します。

仕事に対して情熱があれば、自分の長所を伸ばそう、短所を補おうと努力するでしょうし、キャリアを築く過程で挫折や障害に遭っても、乗り越えられるでしょう。

ウォーレン・バフェットは、株の銘柄選定がやりたくて起業しました。そして長い間、小規模の投資ファンドを運用しました。彼は長所を活かして優れたCEOとなり、卓越した企業を築きあげました。仕事が好きだったおかげで、彼はもって生まれた長所を新しい長所へと発展させ、積極的に新しいスキルを身につけたのです。

## 第4章　自分を理解しよう

あなたはどんな人生を歩んできましたか？　あなたの頭のなかにはネガティブな声があって、それが足を引っ張っていることに気づいていますか？　やらなければならないとわかっているのに、思うように行動できないことがありますか？

第4章では、自分の盲点を探ることの難しさや、自分の行動の意味を知ることの大切さについてもお話しします。

人生で最善のものを選択するには、自分を知らなければなりません。私たちがもっとも対処法を学ばなければならない重要な人物は、自分自身なのです。

## 第5章　チャンスを活かす方法

第5章では、あなたの長所、短所、熱意、自分自身への理解を踏まえたうえで、それを現在の仕事や、今後就く予定の仕事にうまく適用する方法を考えます。

自分の仕事について分析と検証を行い、中核的なタスクを三つ挙げましょう。

あなたは自分の仕事のなかでもっとも重要なタスクを三つ挙げられますか？　それを紙に書けますか？　そのタスクが好きですか？　きちんと時間をかけてやっていますか？　これらのタスクを上達させるために、スキルを磨いていますか？

潜在能力を発揮するには、時間の過ごし方について賢く選択しなければなりません。どの業界、どの職種、どの会社をめざすかも選ぶ必要があります。合わない仕事を断ることは、適切な仕事を選ぶことと同じぐらい重要なのです。

しかし、年収や社会的地位や他人の意見に左右されやすい人や、自分は何がしたいか、そしてどんなスキルをもっているのかをきちんと把握していない人は、自分に合った仕事を簡単には選べません。輝きたければ、あなたが輝ける仕事に就かなければならないのです。

## 第6章 〈優秀な人〉と〈一流の人〉の違い

第6章では、あなたが将来潜在能力を十二分に発揮できるか否かを決定づける、きわめて重要な概念についてお話しします。それは、思考様式《マインドセット》と行動力に関する概念です。たとえば、自分の利益よりも他人を優先することの利点や、正しい行為は報われると信じることがいかに重要かといったことです。

さらに「安全第一で行く」ことの問題点にも触れます。処世術を気にするあまり、率直に意見を述べられず、適切なときでも波風を立てるような行動を取れなくなることの問題点です。

将来有望な社会人であっても、自分が強く確信している意見を言えなかったり、倫理的な境界線がなかったり、権力者に対して事実を言えなかったりすると、能力を発揮できずに今後のキャリアに支障を来すかもしれません。

## 第7章 人間関係の重要性

潜在能力を発揮する旅は、たった一人でできるものではありません。キャリアを築いていく過程で、何度も人の助けが必要になるでしょう。

しかも、人間関係を築くことは思ったほど簡単ではありません。まわりの人と密接な関係を築いているし、頼りになる人もいると思い込んでいる人は大勢います――しかしその思い込みは、切羽詰まって助けが必要になった途端に一変します。その時になってはじめて、いざというときに助けてくれる重要な人がいないことに気づくのです。

あなたのことを心から思いやり、厳しい現実を教えてくれる人、つまりあなたが聞きたくないことも言ってくれる人と関係を築きましょう。

このような人は、あなたから嫌われることも厭わないほどあなたを大切に思ってくれています。彼らは現実を映し出す鏡のような存在なのです。

フェイスブックで大勢の人々とつながり、ツイッターで密に連絡を取り合っているにもかかわらず、人々が驚くほど孤立しているのを見ると、愕然とすることがあります。私の経験から言うと、孤立は、私たちが潜在能力を発揮するのを阻む重大な障害の一つです。

人間にはみな盲点があります。遅かれ早かれ、誰かに助けをもとめ、自分の弱みをさらけ出さなければならない状況がやって来るでしょう。

私の体験をお話ししましょう。

長い間、私は大勢の人の前で話すのを死ぬほど恐れていました。自分には無理だと思い込んでいましたし、恥ずかしくて仲間や上司にもスピーチ恐怖症だと打ち明けられませんでした。

責任の重い役職についたら定期的にスピーチをしなければならなくなるため、昇進を断ったこともあります。

しかしとうとう私は、勇気を出して仲のいい同僚に恐怖症のことを打ち明けました。そうして、人前でうまくスピーチする方法を学ぼうと決心し、スピーチ力を磨きはじめたのです。

私の場合は、こうだと確信していることを心のままに訴えようと集中することで、この恐怖症を克服しました。しかし、克服しようと決意するまでには、人々の助けが必要でした。

信頼できる同僚か友人、つまりあなたの話に耳を傾け、あなたを理解し、必要な意見を述べてくれるほどあなたを大事に思ってくれている人がいますか（一〜二人でも構いません）。親友でなくても構いませんが、信頼できて、本心を打ち明けられる人でなければなりません。

他にも、あなたもまた誰かにとって信頼できる存在になれば、自分を理解するきっかけになりますし、人との緊密な関係を築けるようになる、ということもお話しします。

## 第8章　なりたい自分に近づくために

この本の指示通りに実践する際に何が助けとなりますか？　その反対に障害となるものは？　その障害をどうやって克服しますか？　金銭的な問題やその他の難局は、あなたの旅にどう影響しますか？

第8章では、演習や戦略と合わせることで、本書の核となるアイデアを継続しやすいプロセスへとまとめます。

## この先の道のりについて

あなたの目標を達成する正しい道は一本だけではありません。誰もが、たくさんの道筋をもっています。世界は絶え間なく変化し、人生はしばしば何段階にもわたって展開します。世界が進化する一方で、私たち自身も学び、成長し、能力を伸ばし続けていけば、私たちの潜在能力も進化していくでしょう。

潜在能力を発揮することは、ただの夢でも理想でもありません。それは特定の行動、訓練、規律、勤勉さが求められるプロセスなのです。そのプロセスは困難ではてしなく続きますが、やり甲斐のあるものです。

私は願っています——あなたがこのプロセスには価値があると気づいてくれることを。それからこのプロセスが、あなたの人生とキャリアに大いなる満足感と充実感をもたらしてくれることを。

目次

# ハーバードの自分を知る技術

悩めるエリートたちの人生戦略ロードマップ

第４章

# 自分を理解しよう

## ——心の声の影響力について

## 第5章　チャンスを活かす方法
### ——仕事力とキャリアマネージメント　137

## 第6章
# 〈優秀な人〉と〈一流の人〉の違い
## ——品格とリーダーシップ



## 第7章
# 人間関係の重要性
## ——すべてを一人でやることはできない

## 第8章
# なりたい自分に近づくために
## ――それぞれの道を歩む　233

第１章

# あなたが生まれもった使命

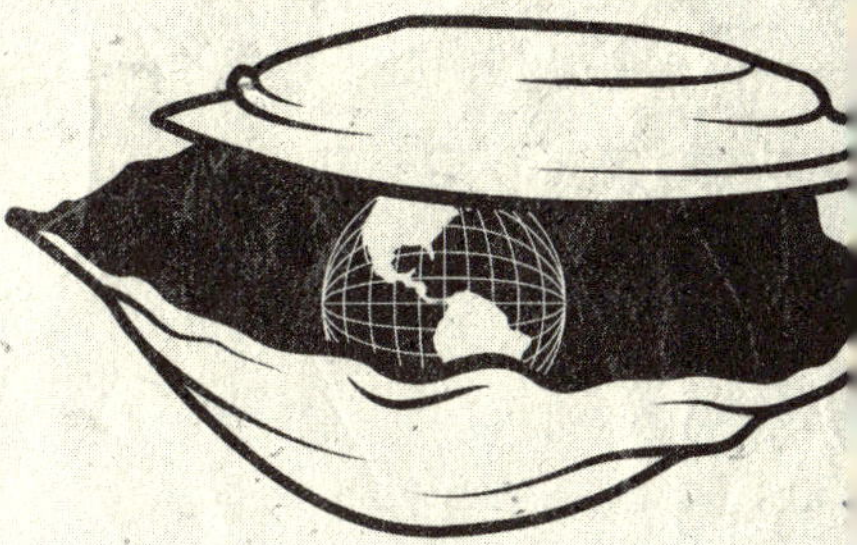

## はじめの一歩

あなたにとって成功とは？

どうやって夢を実現するつもりですか？

私はよくビジネスマン、NGOのリーダー、そして学生たちと話します。すると、潜在能力を発揮し、夢を実現するにはどうするべきかという話題になります。

生い立ち、経歴、状況はおのおの違いますが、彼らはみな生きる意味を知って、人生を有意義なものにするにはどうしたらいいか悩み、フラストレーションを感じています。

この章では、彼らのエピソードだけでなく、私のこれまでの経験も紹介しながら、自分で成功を定義する方法や潜在能力を発揮する方法を教えたいと思います。この課題に取り組むための五つのルールも紹介します。ルールに従えば、適切な心構えで問題に取り組み、本書からより多くを吸収できるでしょう。

## 就活で職業選択に悩む、ある大学院生の話

まずは、ある優秀な大学院生の話から。その男子学生は、複数の金融機関から正社員として採用通知を受け取りました。私がかつて金融業界で働いていたことを知っていた学生は、私の元へ相談にやって来ました。

学生から「どの会社がいいと思いますか？」と問われたとき、私は「どの会社が一番楽しく働けそうだと思う？」と尋ねました。

学生は首をひねりました。「実は、どれもピンと来ないんです。本来なら喜ぶべきなのに。クラスメートがうらやましがるような仕事ばかりだというのに」

私は率直に聞いてもいいかと確認した後、金融業界で働きたい理由を尋ねました。

「数年なら働けると思うんです。たまった学費ローンを返済しなければなりませんし、僕の両親は長い間お金で苦労しました。金融機関で働けば、ローンを減らせるし、いつか両親にも仕送りができるじゃないですか」

二人で話していると、今度は「先生ならどの会社にしますか？」と聞かれました。

「私が選んでも仕方がないだろう。きみが自分で決めなくては。きみは金融機関でバリバリ働きたいのかい？」

学生ははっきり即答しました。「全然」

「金融機関で任されそうな仕事に意欲を感じるかい？」

「わかりません。でも答えはノーかもしれないです」

そこで私はあからさまに聞くことにしました。「ふむ。きみは金融に興味がないし、どの会社の仕事も好きになれるかどうかわからない。となると、金融業界は本当にきみにとって正しい選択なんだろうか？」

学生は押し黙っています。

「なるほど。もう一つ聞かせてくれないか。お金のことを気にしなくていいとしたら、何がしたい？　たとえば、お金持ちの叔父さんから莫大な遺産を相続したとしよう。そんな状況だったら、きみはどうする？」

「それなら簡単です」学生は笑みを浮かべました。「どの仕事も受けないですよ。僕は音楽をやっていて、ピアノでクラシックを弾いています。音楽が大好きなんで、レコード会社か音楽業界で仕事を探すと思います」

「へえ。だったら、今から音楽関係の仕事を探したらどうだい？　まだ三〇歳じゃないか！　音楽がやりたいなら、どうして今すぐはじめないんだ？　今から三年か五年金融業界で働いた後に全然違う業界に転職など、簡単にできると思うかい？」

　すると学生は、大学の就活シーズンに音楽の仕事を探したのだと言いました。そして給料やボーナスの額も気になったが、友人たちから金融機関で働けたらかっこいいと言われたのだと。彼は自分を納得させようとするかのように、金融関係の仕事は人気があるのだと強調しました。

　私たちはその後も、彼が直面している板挟みの状態がどういうものなのか、誰を喜ばせようとしているのか、そして彼にとってもっとも重要なことは何かを議論しました。他にも、仕事の選択以外に夢を追い続ける方法がないかも話し合いました。

## 壁に直面した、ある営業課長の話

　その翌日、米中西部のある会社で営業課長をしている四一歳の男性が、ボストンにいる私を訪ねて来ました。共通の友人から、相談にのってやってほしいと頼まれたのがきっかけでした。

　簡単に挨拶を済ませたあと、男性は研究室のドアを閉めてもいいかと尋ねてきました。そしてソファに座ると、こう切り出しました。「実はたくさん悩みがありまして」

「悩みというと？」

「どうやら壁にぶち当たったみたいなんです。私が間違ってたんです」

「ほう。どんな間違いですか？」

「どう説明すればいいのやら」男性は考え込みました。「生活には困ってないんです。親も友人も家族も私のことをエリートだと思っています。人がうらやむようなキャリアを築きました。妻と三人の子どもにも満足しています。そこそこの家に住み、ある程度の貯金もあって。ぜいたくはしませんし、無駄遣いしないよう気をつけています。子どもたちの大学の授業料を払った後に六五歳か七〇歳には引退できるよう、お金もコツコツ貯めています」

「すごいじゃないですか。それで、何が問題なんです？」

男性はためらいました。

「あなたの時間をいただくほどのことではないかもしれません。あなたは精神科医ではありませんし。もしかしたら問題とは言えないのかも。単に私が自分に違和感を覚えているだけとか。どうにも達成感がなくて。満足感もありません。妻と子どものことは別として、何をやってもむなしくて。営業にやる気が起きず、業績も落ちていると思います。先日も昇進し損なって、部長になれませんでした」

彼は言います。

「以前は、ここまでキャリアを築けば、今頃は働き盛りでどん欲に働いてるだろうと思ってました。でも、違ったんです。自分に合った仕事に転職するには遅過ぎますか？　このモヤモヤした感じをどうすればいいでしょうか？　こんなことを感じるのは、ある程度のキャリアを築いたからですか？　成功したからでしょうか？」

男性は〈成功〉という魔法の言葉を使いました。成功とは何でしょうか？　成功にはどんな感情が伴うのでしょうか？

そこで私は、物事を客観的に見ましょうと提案しました。そして、男性にこれまでの人生について語ってもらうと共に、どうやって今の仕事を辞めるつもりかを聞きました。

私たちは彼の仕事と仕事上の不満について話し合いました。それから得意な仕事と不得意な仕事は何か、何がやりたいかを尋ねました。すると彼はそんなことは考えたことがないと言い、家でもっとよく考えてもらうことになりました。他にも、友人や家族やまわりの人にとってではなく、彼自身にとっての成功とは何かという問いについても話し合いました。

男性にこのことについて誰かに相談したことがあるかと尋ねると、「誰にも話してません」との答えが返ってきました。

「同僚や、理解してくれそうにない友人に打ち明ける気になれないのはわかります。でも、こういう相談ができる人はいますよね？」

「いいえ」彼はきっぱりと言いました。「友人はわかってくれないと思います。私が悩んでいることを知って、陰で笑う人もいるでしょう。妻や家族には迷惑をかけたくないんです。私がうまくいっていると思っているので、そうでないと知ったらみんな心配します。妹たちはお金に困ってますし、こんな自分勝手な騒ぎに同情してくれるとは思えません」

私たちはいくつかの疑問と問題点をまとめ、彼によく考えてもらうことにしました。その答えが見つかれば、彼が自分の状況を理解し、次に何をすべきかがわかるかもしれません。

## あなたの成功を定義するのは誰か

この二五年間というもの、私は同じような会話を繰り返してきました。ゴールドマン・サックスで管理職に就いてからずっとです。同僚やクライアントがたびたび私のところにやって来ては、ドアを閉めて同じような告白をはじめるのです。

「はたから見れば、うまくやっているように見えるでしょう。でも、これは私が思い描いていた人生と違うんです。今頃はもっと大きなことを成し遂げて幅を利かせているだろうと思っていました。もっと幸せになっているものと。でも、実際は楽しくないんです」

大抵の場合、焦りや苦悩をにじませながら訴えます。大きな昇進を果たした直後や、その逆に仕事がうまくいかないときに、この種の相談がもち込まれることもありました。

多くの人が、「もっと大きなことがやりたい。自分ならもっと大きなことができると思う。何か重要なことを成し遂げたい。孫に自分の人生を語るときに、私の人生が業務だの顧客の獲得だの企業収益だの、あるいは給料をもらうだけで終わってしまったなんて言いたくない」と主張するのです。

彼らの主張には共通点がありました。彼らは、お金という報酬では仕事を続ける動機にならないことに気づき、愕然としていたのです。

このような会話を何度も重ねるうちに、私はどうしてこれほど優秀な人たちが不満を抱いたり、うまくいっていないと感じたり、キャリアや人生をむなしいと思ったりするのか、疑問に思うようになりました。

私も同じように感じることがあるので、気持ちはわかります。私もまた、金銭的な報酬や仕事の達成感は人を幸せにすると聞いて育ちました。ところが、私が話した多くの人は、物質的な成功やすばらしい肩書きを手に入れたにもかかわらず、むなしいと訴えます。

彼らにとって、たりない物とは何でしょうか？　その問いの答えは私にもあてはまるのでしょうか？　私も自分のキャリアや人生に何かがたりないと感じているのでしょうか？

二〇〇五年に教鞭を執るためにハーバード大学に来て以来、私はもっと大きなスケールでこうした議論を続けてきました。同じような現象がさまざまな文化、国、業界、職業でも共通して見られることに気づきました。

若者は、スキルを身につけ、自分の適性を知り、キャリアを適切に選択するにはどうすればいいか悩んでいました。中堅の管理職は、方向性を変えるにはどうすればいいのかと悩み、選択を誤って人生を棒に振ろうとしているのではないかと困惑していました。年配の管理職や専門職の人のなかには、ひどい後悔や苦々しい思いにさいなまれる人もいました。

ほとんどの場合、人々はまわりの期待のせいでこうなったのだと腹を立てはじめます。そして自分のスキル、夢、人として心から望んでいることは何かと模索しはじめるのです。

彼らはそれまでずっと、まわりのアドバイスに耳を傾け、期待に応えようと努力してきました。そして、経済的な豊かさにおいて彼らに及ばない人が、彼らよりもずっと幸せそうで、自分の価値観や信念を貫き、仕事に果敢に挑戦していて、キャリアや人生に情熱的で充実しているのを見ると、突然不安を覚えるのでした。

こうした状況を聞くと、私の気持ちもザワザワします。というのも、私も同じような問題で悩んできたからです。

何年も考え続けた結果、私はこう確信するようになりました——人間は人生やキャリアについて特定の方法で考えるよう条件づけられているがゆえに、自分の情熱やスキルを磨く必要性や、重要な選択についてわからなくなる。人間は自分の尺度ではなく、他人の尺度に従って方向性を決めてしまいがちだ、ということを。

## あなたの基準を定めるのは誰か

私の両親は、まじめに働くことや成功することの重要性を説きながら私を育てました。両親から幾度となくこう言われました。「専門職に就きなさい。医者、歯医者、弁護士はいい職業だよ。歯列矯正医でもいいね！」

両親は、私が専門職に就けば、自分たちよりも充実した生活を送れると信じていたのです。

二人とも世界恐慌のさなかに成長し、家計を支えるために早くから働きはじめ、大人になってからも長時間労働を続けました。父は宝石類のセールスマンとして中西部のあちこちをまわり、母も不動産屋で働く一方で、お金が必要になると副業をこなしました。

二人とも、私にはお金で苦労させたくないと思っていました。貯金を蓄え、専門的な技術を身につけて成功し、社会的な地位を築いてほしいと願っていました。自慢の息子になってほしい、私がより良い人生を歩めたのは自分たちのおかげだと自慢したいと思っていました。

多くの人は、家族の手によって育てられますが、同時に大衆文化に代表される社会的通念にも大いに影響を受けます。私もまさにそんな環境で成長した一人です。

頻繁にテレビを見て、大衆紙を読みました。「勝者」をもち上げるメディアの影響を受けました。

昔も今も変わらず、財を成した者や、富と権力と影響力を手に入れた者は決まって勝者だと言われてきました。広告や雑誌のカバーを見ると、いつもそこには笑みを浮かべた「成功」者の顔が写っていました。確かに、彼らはみな幸せそうに見えました!

学生だった頃、私は幾度となく評価され、テストされ、〝客観的な〟基準で測定されました。学期が終わるたびに、母から成績優秀者のリストに入ったかと尋ねられました。入らなかったことがわかると、母はがっかりしたものです。私だって嫌な気持ちになりました。

私はこれらの基準を鵜呑みにし、学業評価や成績は、私がどの大学に進み、大学卒業後にどんな仕事に就くかを決めるうえで重要なカギとなるのだと思い込むようになりました。

当時の私はこんな風に考えていました——何をやりたいか、自分はどんな人間なのかはおいおいわかるだろう。でもとりあえず今は、階段を一つ上るためにやるべきことをしっかりやらなくては、と。

後に仕事やキャリアを選ぶ時期になると、両親や友人にアドバイスを求めました。どの仕事にどんな責任が伴うのかをよく理解していなかった私は、何がやりたいかはっきりわかっていなかったのです。

結果的に、みんながやりたがりそうな仕事へと流れていきました。みんなが望む仕事なんだから、やる価値のある仕事に違いないと思ったのです。そして実際に仕事につくと、人よりも良い結果を出せば、高く評価され昇進できるだろうと奮起しました。カクテルパーティで、昇進できなかったことをグズグズと言い訳するのは嫌だったのです。

ここでは要点を伝えるためにあえて大げさに書きましたが、多くの人が何らかの基準、実績、目標を基に成功を思い描くよう教育されているのではないでしょうか。

同時に、こうした重要な基準を満たせないと恥をかくことになるとも教育されます。おまけに多くの人は、心の欲求を満たす内的な要因（任務、知的好奇心、人との結びつきなど）よりも、結果が一目でわかる外的な要因（お金、地位、肩書きなど）に目を向けなさいと言われます。

# 責任をもって人生の選択をしていますか

私たちの多くは、自分が本当は何を望んでいるのかを考えずに、次から次へとハードルを飛び越えて——つまり〝成功して〟——若年期を過ごします。

その過程で、善意にあふれた仲間や友人や家族や恋人に何度も助言を求め、相手から「これを目標にしなさい」とか「これは避けなさい」とアドバイスされます。しかしアドバイスの多くは、私たちの個性を熟知したうえでの助言ではなく、彼らの経験や願望、社会的な規範にのっとったものばかりです。

とはいえ、なかには幸運な人もいて、個性に合った手引きと指導を受けて、早くから自分の長所、短所、情熱に注意を向けることを学ぶ若者もいます。その反対に人生の後半にさしかかってから、良き助言者や、強い絆で結ばれた良き理解者に支えられて、自分を見つめ直す人もいます。

前述したように、私は若者だけでなく、中高年のプロフェッショナルたちにもアドバイスしてきました。しばらくはすばらしい成果を出したものの、やがて仕事がうまくいかなくなり、これは本当に自分が望んだ仕事なのかと疑問を抱くようになった人が大勢いました。

就職したばかりの頃なら、新しいやり方を身につけて、自分に合った道を選択する機会もあります。年を取っても遅過ぎることはありませんが、キャリアで実績をつくったがゆえにジレンマに陥るようです。

というのも、自分の能力を活かせず、情熱も願望も満たされない人生を送っているにもかかわらず、他人の目には上々に見えてしまうからです。もっと早くからスキルを磨く努力をしてこなかったことや、自分が何を望んでいるのかをよく内省しなかったことを後悔します。

これはあなたの状況と重なりますか？　あなたは自分の能力を発揮できていますか？　それとも、他人が敷いたレールの上を走っている気がしますか？　だとしたら、もうやり直せないのでしょうか？

## 五つのルール

本書では、あなたの能力を引き出すための指針を段階を追って紹介します。物の見方を変えることができれば、成功する確率もグンとアップします。そのためにも、本書を通して肝に銘じておいていただきたい、ごく一般的なルールを紹介します。

### 正しい行為は報われると信じること

人生においては、不当な扱いを受けることはあるものです。たとえば、速度制限を少しオーバーしただけで、スピード違反で切符を切られたことはありませんか？　昇進確実だと思っていたのに、できなかったことは？　誰かに誤解されたことは？

程度の差こそあれ、誰もが過去に何度も不当な扱いを受けたことがあるはずです。

何度も不当な扱いを受けたことがある人は、会社や業界、あるいは世の中の公平性を疑いがちです。苦い経験のせいで、確実に見返りが期待できなければ何もしないと決意を固めているかもしれません。このような人は危険を冒したり、本能の声に耳を傾けたり、他人を手助けしたりすることに用心深くなります。

私の経験では、このような考え方にとらわれると、自分を見つめることも、自分の信念に集中することもできなくなります。自分にとって重要なことは何かを見極められなくもなります。合理的なリスクを取ることも、誰かを手助けすることもしなくなるでしょう。

自分の潜在能力を発揮したいなら、自分が何を信じているのかを知ろうとし、その信念に従って行動する勇気をもたねばなりません。

そして、たとえ一時的にうまくいかなくても、いつか正しい行為は報われると信じて突き進むのです。このような気構えがあれば、やがては能力を存分に発揮できるでしょう。

正しい行為は報われると信じて励む方が、本書でお勧めする行動を取りやすくなります。要するに、たとえあなたが不当だと思う経験をしたとしても、自分を偽ることなく信念に従って行動すれば、いつかは平等に扱ってもらえると信じるのです。

さて、私がこのことを強調する理由は何だと思いますか？　逆を考えてみてください。正しい行為は報われると信じなければ、どうなると思いますか？

簡単に言ってしまえば、おそらくあなたは無関心な皮肉屋になるでしょう。

その冷めた物の見方のせいで、心のよりどころや信念の声が打ち消されて、他人を喜ばせよう、他人の期待に応えようと励むようになるかしれません。自分を知ろうとか、自分が信じることは何かを突き止めようとするのをやめて、稚拙な決断を下すようになるでしょう。

## 社会通念に気をつける

社会通念とは、簡単に言えば他人による支配的な物の見方のことです。広く受け入れられている常識と言うこともできます。要するに「頭のいい人たち」の考えです。

私たちは常識に囲まれていますが、その多くは見当違いなものばかり――特に個人にあてはめるとそうです。多くは古い考え方にのっとったものですし、個々人の性質や経験を考慮したものではありません。

残念ながら、私たちは社会通念に囲まれています。家族や友人や同僚、カクテルパーティで会った人たちの意見のなかだけでなく、テレビ番組のなか、宣伝、広告、印刷物のなかの記事にも、それらは反映されています。社会通念はあちこちにあるため、私たちはそれが自分の思考に与える影響力の強さに気づきにくいのです。

私たちは「成功するためにはこうすべきだ」と忠告されますが、その忠告について考えてみましょう。

あなたもよく「何かを成し遂げるには、あれとこれをやらなければならないに決まってるじゃないか」と言われると思います。たとえば、住宅価格は上がるに決まってるじゃないか。債券よりも株の方がもうかるに決まってるじゃないか。医者になれば何だってできるに決まってるじゃないか。

あなたも目撃したことがあると思いますが、前途洋々な若者たちはしばしば、この仕事が良いに「決まってるじゃないか」という理由で、仕事を選ぶことがあります。

しかし、社会通念やまわりの圧力に従って決断を下した後に、その人生を生きるのはあなたです。今は脚光を浴びている仕事も明日はどうなるかわかりませんし、あなたのスキルや関心にそぐわない場合もあります。

社会は変わり、あなたも変わり、社会の価値観も変わります。おまけに、社会通念はあなたの個性や能力をくみ取ってはくれません。

私のこれまでの経験では、自分が何に関心があるのか、どんな仕事が向いているかを把握するには、社会通念に惑わされないよう気をつけながら、まわりの意見に耳を傾ける方がうまくいきやすいようです。

## 人生と選択に責任をもつ

あなたには自分の人生とキャリアを管理する全責任があります。あなたは責任感をもって行動していますか？

自分の人生を前に、消極的な傍観者であってはいけません。本書のレッスンや演習では、主体的に考えて自分を見つめることが求められます。体調を整えるのと同じように、訓練が必要だからです。

あなたには、体調を管理する〝責任〟があるのと同じように（誰もあなたの代わりにやってくれません）、スキルを伸ばし、自分を理解し、重要な選択を行う責任があるのです。優良企業は従業員がこの問題に取り組むのをサポートしてくれるかもしれませんが、あなたは企業をあてにするわけにはいかないのです。

人生の責任者は自分だと認識して行動してください。責任をもって自分の強み、弱み、情熱を見つけるのです。さらに、あなたの願いを実現するには、それをサポートしてくれる人にそれを伝えなければなりません。あなたの運命はあなたが握っているからです。

それには、あいまいな選択を行わないことです。物事を選択するときには、必ず選択肢をはかりにかけて、はっきりと意識しながら選択するのです。

誰かがアドバイスや指示をくれるのを待っていてはいけません。あなたの人生はあなた次第なのですから。失敗したら、次はどうすればうまくできるのかを考えるのです。被害者意識を捨ててください。あなたの人生を操縦するのはあなたなのです。

## 現実を見失わず、環境に適応する

こんなことを言う人がいます。「あなたの言うようにやりたいのはやまやまですが、私にとっては今月の家賃を払うことの方が重要なんです！」

なるほど、ごもっともです。失業したばかりの人、あるいは日々の生活に追われている人は、妥協を余儀なくされるに違いありません。私の父親も、育ち盛りの私たちを抱えてやりくりしなければならなかったため、やりたい仕事に向かって邁進できたわけではありません。後に冠動脈バイパス手術を受けてからは、さらに妥協せざるを得なくなりました。

経済が停滞しているとき、あるいは家族が重い病気を患っているときは、思い通りにならないこともあります。納屋が燃えさかっていたら、何をおいても火を消さなければなりません。しかし、日々の問題（大きな問題でも）を理由に、あなたの潜在能力を発揮する道を閉ざしてはいけません。絶え間なく火消しに奔走しているとそれが生き方になってしまうように、目の前の難局ばかりに集中していると、悪循環に陥ってしまいます。

この本では、時間を意識することの重要性も説きます。

現実的であり続けるには、複数の時間枠を意識しながら行動しましょう。すなわち今日の危機を乗り越える一方で、今のうちに未来のために種を蒔いておくことです。そうすれば、時代や状況が良くなったときに、あなたの潜在能力が開花するでしょう。

## 学ぶ

学んだことを吸収して行動を変えれば、潜在能力が開花する可能性がぐんと高まります。そのためには、学ぼう、変わろう、人生を突き進もう、という意欲を失わないでください。

これは思っているほど簡単なことではありません。積極的に学びたいと思っても、実際に学ぶ段階になると、なかなか内省を試みようとしない人がほとんどです。人に意見を求めるのをためらうどころか、アドバイスを拒否するような態度を取る人もいます。

とりわけ年配の方に多いのですが、すべての答えを知っていると思い込む人もいます。知らないことがあると、不安で落ちつかなくなるのです。どうしたらいいかわからないと認めることや、もっと学んで改善しなければならないと認めることを、恥ずかしいと感じるのです。

間違いを犯したことや心変わりしたことを認めたがらない人もいます。まるで弱みをさらして誰かに助言を請うているみたいだと思う人もいます。他にも、新しい情報や変化の波に心を閉ざす人もいます。本人は意識していなくても、まわりは気づいているものです。

これから紹介するたくさんの課題に取り組んでいただくために、学ぶ意欲をもってください。私の提案通りに行動しようとすると、気おくれして不安になるかもしれません。万が一不安になったら、なぜ不安なのかを分析すれば、その不安を克服するきっかけになるでしょう。

この本で紹介する課題は簡単ではないかもしれませんが、あなたに学ぶ意欲があれば実践できるはずです。心を開いてやる気を出せば、より高い目標を掲げてさらなる飛躍を遂げるのにこの本が役立つでしょう。


第1章では、本書のアプローチを簡単にまとめ、この旅をはじめるにあたってのいくつかの重要なルールを紹介しました。次の章からは、基本的なステップとあなたの潜在能力を発揮するための道筋を説明します。

## やってみよう

あなたにとって成功とは？
ノートに書いてみましょう。

夢を実現するには、
どんな段階を進まなければならないと思いますか？
ノートに書いてみましょう。

答えを書いたノートを取っておいてください。
本書の各章を読み進めながら、
ノートを開いて確認したり、
計画を書き直したりしましょう。

第2章

# 自分の長所と短所を知ろう

## 自分の能力は自分で伸ばす

あなたの持つもっとも強力なスキルと、
もっとも弱いスキルを3つずつ書けますか?

あなたの現在/将来の仕事について、
もっとも必要な能力を3つ挙げてください。

あなたは責任をもって
自分のスキルを評価していますか?

仕事で求められるスキルを自己評価したり、
コーチを探したりしていますか?

これまでに私が一緒に働いた人たちのなかには、自分の長所と短所を評価する方法を学ぼうと努力する成功者がたくさんいました。

ほとんどの人は、すぐにできたわけではありません。しかし彼らは、うまく自己評価ができれば、キャリアや人生を大きく変えられることに気づいて、努力に努力を重ねていました。彼らは、自分の潜在能力を引き出すには、まずは長所と短所を把握しなければならないことを知っていたのです。

思うようにステップアップできない人がいますが、私の知る限り、それは能力の問題とは限りません。むしろ、自分のスキルの有無をきちんと自覚していないからです。

「このスキルを改善しなければ」と自覚した途端に、そのスキルをみるみるうちに伸ばしていく人を見ると、いつも感銘を受けます。重要なのは自分の短所を意識すること、それを克服しようと意欲を燃やすことです。

自分の長所と短所を把握することは、機械的に課題をこなすこととは違います。一連のステップに従って集中して取り組む一方で、あなたをよく見ている第三者からしっかりしたアドバイスをもらわなければなりません。

スキルを磨くには、建設的な批評に耳を傾け、厳しい指摘を受け入れる覚悟が必要です。

## なぜ自分の長所や短所は気づきにくいか

自分の長所と短所を把握することがいかに重要かを語る本はたくさんあります。[1] 講座やセミナーでは、社会人が仕事をうまくこなせるよう能力アップのテーマに力を入れています。ビジネスリーダーはよく、能力開発の重要性を説きます。ほとんどの企業は、労力をかけてさまざまな研修を提供するだけでなく、従業員一人ひとりが技量を伸ばせるように査定やフィードバックのプロセスも整えています。

これほど投資を行い、重要性が叫ばれているのだから、みんな基本を押さえているだろうと思いませんか？　ところが、キャリアアップをはかる人たちに長所と短所を尋ねても、なかなか答えが返ってきません。特に短所はわかりにくいようです。なぜでしょうか？

確かに毎日いろんなことが起こりますし、仕事上のごたごたもあるため、ゆっくりと自分のスキルを評価するのは容易ではありません。しかし、スキル評価を後回しにすることは、今は問題なくても、将来的にはほぼ確実に悪影響を及ぼします。

ほとんどの人はこのテーマについて掘り下げて取り組んでいないだけです。そのために自己認識があまいのです。

おまけに、自分のスキル不足を指摘してくれるコーチを探したことがない人がほとんどです。なかには、建設的なフィードバックをもらっても、それを受け入れる度量がない人や、言われたことを理解できない人もいます。その結果、フィードバックの真意をくみ取ることも、それを活かすことも、行動に反映させることもできないのです。

優秀な人たちのなかにも、何を改善すればいいかわからない人や、スキル不足を補うための

行動計画が立てられない人が、驚くほどたくさんいます。彼らは手探り状態なのです。(2)

## 自分の短所がわからない、ある会社員の話

ある大手消費財メーカーの若手プロダクト・マネージャーの例を紹介しましょう。彼は自分の仕事のことでイライラして悩んでいました。直属の上司について不満をもらし、仕事で公平な扱いを受けていないと感じていました。

話を聞いた後、彼に長所と短所を訊いてみました。彼は少し考えていました。

「分析力が優れていると思います。物事を概念化してその本質をとらえるのが得意です。頼りがいがあって、コツコツ働く方です」

「じゃあ、短所は?」

彼は少し考えてから、詳しく説明してくださいと言いました。

「ああ、そうですね。たとえば、上司や同僚からどんな批評をもらいましたか?」

「ありません。今のまま続けてくれと言われただけです」

そこで私が、前年は能力給の上限金額をもらったかと尋ねると、「いいえ、あいにく」との返答が返ってきました。

「で、上司はそのことを何と言ってました?」

「特に何も言ってませんでした」

私はもう一度、査定で何かのスキルが足りないと指摘されなかったかと尋ねました。彼は肩をすくめて、上司から指摘された弱点がどうにも思いつかないと言いました。

そして少し考えた後、「そうですね、すごくせっかちかもしれません。それから、他の人より頭が固い方かな？　よくはわかりませんが」と付け加えました。このようにして私たちは彼の短所を明らかにする作業をはじめました。

その後、彼の考え方について話し合いました――彼は本当に自分の長所と短所を把握するという課題に取り組みたいのか、それともそれは他の人がやることだと思っているのか。

彼は、自己評価について考えたことがなかったと認めました。それは上司の仕事であり、さらには会社の仕事だと思っていたのです。

「だって、会社は僕のことも僕の知識や能力も知ってますからね」

私たちは、彼のイライラや不安の原因が上司や会社以外にあるのではないかと、議論しはじめました。私は「もっと責任をもって自分のスキルや知識を評価しない限り、イライラの根本的な原因を突き止めるのは難しいかもしれませんよ」と言いました。

そして、自分には何ができて何ができないかを把握することが大事だと説きました。というのも、仕事をうまくやれるか、そして上司の期待に応えられるかは、彼の能力が大きく影響するからです。

彼は、自分のスキルを評価したことはないと認め、居心地悪そうにしました。私たちは、彼が仕事に対してどれだけ熱意があるか、立ち止まって自分を見つめ、積極的に取り組む気があるかを話し合いました。

彼は「そういえば、このような取り組みをして、キャリアのステップアップに役立てていた同僚がいました」と言いました。それから、自分も考え方を見つめ直し、スキル評価という重要な分野に取り組まねばと改心していました。

大げさな話だと思われたかもしれません。しかしこれが現実です。

ほとんどの人は、自分の長所や短所を正確に言えません。たとえ一時的にはわかったとしても、仕事の役割が変わったり、昇進して難しい仕事に就いたりしたときに今までと同じ考え方でやろうとするのです。そして、自分の短所を見つけだして克服するためのアドバイスをもらい続けるのがバカバカしくなるか、場合によっては面倒だと感じるようになります。

そんなことは会社が率先してやるべきだと思っている人もいるでしょう。査定やコーチングのプロセスが整っているのに、自分でやる必要があるのでしょうか?

ゴールドマン・サックスにいた頃、私は社員一人ひとりに、通常のプロセス以上のことをやりなさいと勧めました。従業員には、自分の長所と短所を書くことを任務と心得て、重要な問題を克服したいときはアドバイスを仰ぎなさいと勧めました。

しかし残念ながら、多くのプロフェッショナルは、キャリアの途中で自分のスキルの有無についてあれこれ考えるのをやめてしまいます。私たちはみな人間ですし、世の中にはもっとおもしろいことがたくさんあるからです。

しかし、課題を放置することは致命的な誤りです。

## 具体的なスキルについて話す

能力評価のセッションを受けた後に混乱することがあります。ほとんどの場合、その原因はコーチとの議論がスキルとは無関係な話が多くて、的を射ていないからです。

コーチのなかには、相手に気を遣うあまり、スキルについて気づいた点ではなく、相手の性格や全体的な印象についてあいまいに話す人がいます。その結果、相手は混乱し、何をすればいいかわからなくなるのです。

## 具体的でわかりやすいフィードバックの威力

例として、ある若手マネージャーの女性の話をしましょう。彼女は査定でもらったフィードバックについて、私に相談しにやって来ました。彼女が上司からもらった助言は「もっと積極的に行動しなさい」というものでした。彼女は混乱したままセッションを終えたそうです。

私にも上司のコメントの意味がわかりませんでした。彼女とは以前に一緒に働いたことがあったのですが、そのときに改善すべきだと思ったスキルがいくつかありました。

たとえば、プレゼンのスキルを上げた方がいいと思い、その役に立ちそうな練習法をいくつか紹介しました。他にも、整理整頓と時間管理のスキルも磨く必要があると感じました。

彼女が直属の上司からこのようなフィードバックをもらわなかったのは、なぜでしょうか？

上司の方が私よりも彼女のことを知っているはずなのに。

おそらくその上司は、彼女の改善すべきスキルをきちんと調べていなかったのでしょう。あるいは、コーチングとは具体的なスキルについて話し合うことだと思っていないのかもしれません。その上司はコーチとしては力不足か、あるいは単に経験が足りないのかもしれません。

実はこうした問題はよく見うけられます。善意にあふれたシニア・マネージャーですら、印象程度のことしか言わず、その印象もしっかりとした観察に基づいたものでも、特定の能力に関わるものでもないという有り様です。そのため、受け手側は質問をしなければなりませんし、フィードバックを苦労して解読することもあります。

役に立ちそうなフィードバックをもらったら、一歩踏み込んでコーチや査定担当者に具体的に説明してもらいましょう。自分のスキル不足を把握して、改善に向けて前進するには、具体的な説明が必要だからです。

査定やコーチングセッションに積極的に関わるには、セッションの前後およびその最中にできることがあります。たとえば、

- **セッションの前にスキルを自己評価して、長所と短所を把握しておく。こうしておけば、スキルに関する質問がしやすくなります。**
- **セッションでは遠慮せずに質問すること。これは討論でも反論でもありません。わかろうと集中してください。シンプルに尋ねればいいのです。たとえば「もう少し詳しく説明して**

いただけませんか？」、「具体的に言うとどういうことですか？」、「改善するにはどんなスキルを磨けばいいでしょうか？」、「具体的に何をすればいいと思いますか？」など。

●年度末査定は、コーチングを受けるのにベストな場ではないことを意識しておくこと。査定担当者は、短期間にたくさん評価を下さなければなりませんし、彼らもまた査定される人たちと同じように神経質になっているかもしれません。フィードバックにわからない箇所があって、詳しく聞きたい場合は、二人でじっくり話し合えるよう、補足用のセッションをお願いしましょう。

●現在の上司は、あなたにとって適任のコーチではないかもしれません（そもそもコーチに向いていない可能性もあります）。ときには、建設的なアドバイスをくれない上司の下で働くこともあるでしょう。その場合は、直属の関係でなくても、あなたを観察している人にフィードバックをくださいと頼みましょう。こうした人たちからのコーチングはバカにできません。彼らにあなたの長所と短所について詳しく聞きましょう――と同時に、相手からアドバイスを求められたら同じように返せるよう、準備しておくこと。

スキル評価は、人間関係や人脈や人気を評価することではありません。簡単には変えられない外見や個人的な特徴は、評価の対象外とすること。「良い」か「悪い」かは重要ではありません。重要なのは、現実と向き合って、スキルについて具体的にはっきりさせることです。それを理解できれば、やるべきことに集中できます。

自分に合った演習、業務経験、トレーニングを積む必要があります。あるいは、その結果を基にチームの選択、作業環境、仕事の割り当てを決めることもあるでしょう。
また、ある程度の期間が過ぎたら、再び上司かコーチにあなたの進歩を評価してもらい、もう一度スキル磨きのプロセスを繰り返すといいでしょう。

## スキルのチェックリストを作る

スキルチェックを行うために、まずは言葉を定義しておきます。まず、スキルとは何でしょうか？　スキルの例をいくつか挙げておきます。

文章を使ったコミュニケーション
会話術／プレゼンのスキル
対人関係に関するスキル
人の話を聞く能力
分析力
体系化する能力（物事の優先順位を決める能力を含む）
他人に仕事を任せる能力
営業力

**人間関係を築く能力**
**交渉力**
**建設的に他人と対立する能力**
**指導力**
**数学力、クオンツ分析のスキル**
**物事を概念化して、本質を見極める能力（大局的に物事をとらえる能力）**
**身体的能力（仕事に関係する場合）**
**外国語の運用力**
**技術的な知識と専門分野があること（会計や科学技術などの専門分野を含む）**

フィードバックのセッションで、これらの具体的な能力についてしっかり話し合わずに、他の話題で多くの時間を費やすケースをよく見かけます。なぜでしょうか?

大抵の場合、フィードバックを与える側はスキルの向上に絡めたコメントをしませんし、受け取る側も特定のスキルについて質問しない場合が多いからです。双方共にセッションでスキルについて話し合おうという意識がないのです。

# 「しない」のか「できない」のか

先日あるビジネスマンから、自分の弱点が知りたいとの相談を受けました。この男性は、自分は思慮深く、己をよく知っていて、自己批判をいとわない人間であることを示そうとしているように見えました。たとえばこんなことを主張するのです。

「私にはあえてやらないことがあるんですよ。家では服を片づけるのが嫌いですし、オフィスでは机を整頓しない主義です」

「あなたは整理整頓が苦手だと思いますか?」

「いいえ、まさか」彼は即座に否定しました。「整理整頓が苦手というわけではありません。私はただ服を片づけるのが嫌いで、オフィスの清掃に気をもみたくないだけです」

それを聞いた私は、確かに興味深いとらえ方ですが、スキルとは関係ないようですねと指摘しました。彼は能力ではなく、選択の話をしていたからです。

次に、先ほど紹介したスキルのリストをよく見てもらいました。

男性はリストを見た後、「弱点などないかもしれません」と言いました。

もちろん、そんなはずはありません。問題は、彼が自分の弱点を認識したことがないことです。彼にとって、基本的なスキルで苦労していることを認めるよりも、「嫌いだから」と主張する方がずっと簡単です。というのもそれを認めれば、自分が思っているほどすばらしい人間ではない、つまり弱点のある人間だと認めることになるからです。

私は、スキルの中で一つか二つは弱いところがあるはずだと言い、彼にはスキルのリストを基準にもう一度自己評価してもらうことにしました。

長所と短所を評価するときは、自分の能力に注目しましょう。あたりまえに聞こえるかもしれませんが、それを避ける人が多いのです。

上司は、あなたを怒らせたくないとか、具体的に指摘できるほど調べていないといった理由で、率直に言いたがりません。あなた自身も、自分の欠点を指摘されるのは気持ちのいいことではないため、指摘されたいとは思わないのです。

当たり障りのないことを話し合う方がずっと簡単です。その方が気楽でしょうが、それではあなたの重要な問題点がわかりませんし、いつまでたっても改善が見込めません。

では、実際にやってみましょう。

先ほど紹介したスキルのリストを見てください。これ以外にもありますが、まずはここからはじめましょう。リストのスキルについて、一～一〇段階で評価してください（一〇点が世界で通用するレベル）。あるいは、紙に三つの欄を作り、「＋」、「－」、「わからない」という項目を入れて、それぞれの欄にあてはまるスキルを入れても構いません。

## 仕事で求められるレベルを基準に評価する

では、分析結果を少し客観的に見てみましょう。あなたの能力は、業務や仕事で求められるレベルをどれだけ満たしていますか？

長所や短所は絶対的ではありません。何か他のものに対する相対的評価に過ぎないのです。一般的なテストの場合は、他の受験者と比較して評価されます。仕事の場合は、業務で求められるレベルと比較して評価します。

たとえば標準的な基準では、私の足は速い方です（長所）。しかし、オリンピックで一〇〇メートル走に出れば、足が遅いと見なされるでしょう（短所）。平均的な高校生を相手にすれば一〇点を取れますが、世界レベルを相手にすると一～二点ぐらいでしょうから、私は観客席に座っている方が合っているのです。

あなたの長所と短所の分析結果を一歩前に進めて、あなたの今の仕事か将来やりたい仕事にあてはめてみましょう。今回の分析では、その仕事を高いレベルでこなせる人たちのグループを想定して評価を行います。

私はよく、複数の企業から採用通知を受け取って進路に迷う学生から相談を受けます。彼らの性格や能力の話をする前に、私はまずその仕事の中心的な業務は何か尋ねます。しかし、的確に答えられる人はごくわずかです。

そこで私は大概の場合「高い成果を出すために必要な業務は、仕事によって全然違うんだよ。求められるスキルが幅広いのだから、一人の人間がどの仕事もそつなくこなせるはずがないんじゃないかな？」と学生に指摘します。

ほとんどの学生は、足繁く会社説明会に通ってさまざまな役職の人と会うものの、重要なスキルについて注目したことがなかったことに気づきます。

学生たちは、出会った人たちの好感度を評価し、社風が自分の価値観や理想と一致するかどうかをチェックしていました。これらは確かに重要な基準ですが、この種のことをチェックしても、何がその仕事をそつなくこなすためのスキルかがわかるわけではありません。

ここで問うべきなのはもっと重要なことです。たとえば、「〝この道のプロ〟として一人前になるには何が必要か？」、「この会社（または部署）で、そこそこ優秀な人と一流の人とを隔てている要素は何か？」、「私がうまくできなければならない重要な業務は何か？」、「この仕事内容からして、この会社で私が成功するために一番重要なスキルは何か？」。

## 求められる能力は時と共に変わる

この分析を行う際には、これらの問いの答えが時の経過と共に変わることも認識しておきましょう。

たとえば銀行員になると（私の前職です）、キャリアの初期段階では数量的・定量的《クオンツ》スキルや分析能力が必要になります。さらに、市場や特定の産業に関する専門知識も必要です（または早く習得しなければなりません）。知識があれば、効果的に調査し文章にまとめて人に伝えやすくなるからです。

上級のポジションになると、対人能力やコミュニケーションスキルが重要になってきます。特に、これまで以上に物事を概念化してその本質をとらえる能力が不可欠になります。あなたはCEOの立場に立って考え――すなわち事実と分析結果をすべて吟味したうえで――会社としてどんな行動を取るのが合理的かを総合的に判断できますか？

もっとも、初日から何でもそつなくこなす必要はありません。しかし、一生懸命働き、経験を積めば、最後には重要な業務がうまくできるようになると信じることが重要です。

このように自問自答するのに、早過ぎることも遅過ぎることもありません。世界や産業が変わるように、仕事に求められることも変わります。さらに、昇進すると必要なスキルも変わります。だからこそ、スキル評価は定期的にしっかり行わなければならないのです。

## 今すぐスキル評価をはじめよう

では、スキル評価はいつはじめるべきなのでしょうか？　もちろん「今」です。

あなたがもし入社したての才能豊かな若者なら、ほとんどの会社は仕事でどんな能力やスキルが求められるかを教えてくれるでしょう。しかし同時にあなたは、社内の特定の仕事をこなすのに必要な能力を自分で見出すものと期待されています。

キャリアを積み上げていき、仕事や業務内容が変わると、そのたびにあなたは再び自己分析を行っているに違いないと、会社側は考えます。実際、あなたは進歩するたびに、これまで以上にコーチングを必要とし、身近な人にアドバイスを求めなければならなくなります。

しかし仕事上の問題、人材管理、クライアントの問題の解決、業務上のごたごたの対応などに追われるうちに、スキルに注意を払わなくなる人が大勢います。

仕事で華々しいスタートを切ったのに、何らかの理由で行きづまった人が、あなたのまわりに一人ぐらいいるのではないでしょうか。

私の知る限り、その原因は、その人が習慣的に自分のスキルを分析しなかったか、あるいは新しい仕事の条件にあてはめて分析し直さなかったかのいずれかです。

その仕事にはどんな能力が求められるのかをじっくり考える習慣を身につけないと、いつか自分にはね返ってくるでしょう。そうならないためにも、内省と分析を続ける努力をしてください。そうすれば、スキルを磨きながらも、次に何を目標とすればいいかが見えてきます。

## すべてをそつなくこなす必要はあるか

米中西部のソフトウェア会社に勤める営業部長の話を紹介しましょう。この男性は四〇歳で、仕事で成果を出して昇進するために、能力アップをはかりたいと考えていました。

創業以来ずっと同じ会社で働いてきた彼は（八人の創業メンバーの一人でした）、会社が二億五〇〇〇万ドルの年間売上高と七五〇人の従業員を擁する企業へと成長する間、出世の階段をのぼり続けてきました。

現在は、約四五人の営業マンが所属するグローバルセールス部門の部長を務めています。彼はハーバード・ビジネススクールで管理職向けのトレーニングコースに参加した際に、私のところにキャリア目標について相談にやって来ました。

彼は自らをエネルギッシュな人間で、業界誌やインターネットの情報をくまなくチェックしていると語りました。にもかかわらず、「業界の変化や顧客の進化について」いけているだろうかという不安を口にしました。

そこで私は、仕事で絶対に欠かせないスキルを三つ挙げてくださいと言いました。彼は最初、顧客との関係を維持するスキルと製品知識を挙げました。それから、自分の仕事では、管理能力も重要になってきたと付け加えました。

さらに、優秀な営業部長になるには、顧客ターゲットの絞り込み、重要な人材の雇用、物事の優先順位を決めること、コーチング、仕事の割り振りなども効率よくできなければならないと彼は言いました。

彼にそれぞれのスキルについて一～一〇段階で自己評価してもらいました。彼は最初のスキルには八点や九点などの高得点をつけましたが、人材雇用、優先順位をつけること、コーチング、仕事の割り振りに関しては五点をつけました。

この結果を見た私は、欠点を克服するために計画を練ったことがあるかと尋ねました。

するとは彼は、それは考えたことがないと率直に認めました。彼は改善しなければと気づいたところであり、だからこそハーバード・ビジネススクールの管理職向けの教育プログラムに参加したのでした。

「すべての項目で八点とか九点を取らなければならないのですか？」と彼が尋ねてきました。

「人材管理は得意でなくても、商品の宣伝に長けている優秀な営業マンというだけでは不十分でしょうか？　私の時間をもっと顧客にあてることにして、優秀な部下を昇進させ、業務執行責任者の役割を担ってもらうのはどうですか？　私が戦略全般、顧客関係の構築、顧客まわりをする営業マンのコーチングに力を注ぎ、その業務執行責任者には、採用と日々の管理業務でリーダーシップを発揮してもらうのです」

業務を遂行するうえで、これは合理的なやり方でした。すべてのスキル項目で一〇点を取る必要はなく、一〇点満点の仕事をするにはチームで協力する必要があったからです。

前述したように、あなたの重要な目標のなかに、自分の長所と短所にもっと注意を払うことを加えてください。

そのあとで、短所を克服するよう努力するのか、それとも不得意分野を別の人に任せて、あなたは長所を伸ばすかを決めることもできます。万能であろうと努力する代わりに、全体的な効率を上げる対策を講じましょう。

先ほどのケースでは、営業部長は業務の分担を決断しました。業務執行責任者という新しいポストを作って重要な業務を任せ、彼自身は管理能力を向上させるべくコーチングを受けることにしたのです。

## コーチングはなぜ必要なのか

コーチングにはよく誤解が生じます。自分の能力を現実的に見定めるには、あなたを観察し、あなたが聞きたがらないことも積極的に指摘してくれる人を探す必要があります。

しかし、このような人を見つけるのは容易ではありません。必要もないのに、他人の気分を害したい人などいないからです。誰かから率直なアドバイスをもらいたければ、あなたが心の底から助けを求めていることを相手に伝えなければなりません。

さて、ここで一度「コーチング」と「メンタリング」の違いをはっきりさせましょう。

ここ数年、外部のメンター（仕事について助言・指導をしてくれる人）から優れたコーチングを受けていると言う人の話を何度も聞きました。メンターは一度も彼らの職場に足を踏み入れたことがなく、彼らの日々の業務状態を近くで観察することもありません。

メンターに師事する人たちが、上司や取締役会から査定をもらった後に私のところに報告に来ることがあります。査定で指摘された欠点について、外部のメンターから一度も指摘されたことがないとか、メンターから「そんなことはありませんよ」と言われたなどと言って、戸惑うのです。

大抵の場合、彼らは会社の査定のプロセスに問題があるに違いないと思いこみ、問題点を指摘した査定担当者に腹を立てます。

彼らが当惑するのは、メンターが言うことと査定の基となるコーチングの内容とが大きく違っているためです。しかし、メンタリングとコーチングは同じようなものとして議論されがちですが、これらは基本的に別物です。

メンタリングは特殊なタイプの交流です。指導を受ける人（メンティー）が自分の話をして、それを聞いた指導担当者（メンター）からアドバイスをもらいます。

問題は、メンターのアドバイスが相手の話の域を超えられないことです。残念ながら人間には必ず盲点があり、第三者に話す内容は盲点の影響を免れません。つまり、メンティーの重大な弱点が当人の盲点のせいで隠れてしまうと、メンターはそれに気づきにくいのです。

他方でコーチングの場合は、定期的に直接、個人を観察することが求められます。コーチが観察し、その観察を基にスキル不足や、その他注意すべき行動パターンを見つけます。

会社によっては、管理職が部下から頼まれなくとも定期的に社員のコーチングを行っています。しかし多くの企業では、上級の社員が頼まれたときにコーチングを行うだけのようです。

つまり、特に要請がなければ、管理職は年度末の査定の時期になるまで、あなたのスキル不足を指摘することはないでしょう。だからこそ多くの人は、年度末の査定で批判されてショックを受けるのでしょう。

あなたをよく見ていて、示唆に富み、なおかつ気づいたことをわかりやすく説明してくれる、思いやりのあるコーチがいる人はラッキーと言えます。私が知る限りでは、この種のコーチングは頼まなければ受けられないケースがほとんどです。管理職たちは、避けられるのであれば、あえてあなたを怒らせたくないと思うからです。

また、優れたコーチは、あなたが弱いスキルを上達させられるよう、具体的な指摘を一つか二つくれるものです。しかしコーチからすると、良いアドバイスを提供するにはあなたの仕事ぶりをよく知る必要がありますし、具体的で実践的なアドバイスを提供するにはじっくり考える必要もあります。

最後にもう一つ。優れたコーチはフォローアップを厭いません。あなたがその後どうしているかを聞いてくれますし、あなたの進歩を後押しすべく追加のアドバイスもくれるでしょう。コーチとはどうあるべきかがわかれば、役員、あまり知らない人、あるいは外部の人からはなかなか良いアドバイスがもらえないことを理解できます。彼らはあなたの主観的な話、それも重大な盲点のある話に助言するほかはないのですから。

コーチングには、外部のプロのコーチに関わってもらう方法もあります。私はこの方法を何度か取ったことがありますし、役に立ちます。特に、内部のコーチが打開しようと努めたものの、対象者にうまく伝わらないときは効果的です。

このプロセスでは、外部からコーチが来て、対象者の同僚や上司と面接します。そのあと、コーチはその内容（通常は発言者の名前を伏せます）を対象者に伝えて、問題をどう解決すべきかを提案します。

この方法は、評価目的ではなく、育成目的でやる方がうまくいきます。育成目的なら、対象者も評価されていると感じることもありません。

外部のコーチを使う方法を一番目の選択肢にしろとは言いませんが、やる価値はあります。この方法のおかげで、有能なプロフェッショナルが意識を高めたり、建設的な批判を受け入れたり、改善が必要であることにようやく気づいたり、何をすべきかがわかったりするのを、私は何度も目にしました。

## なぜコーチングをあまり行わないのか

私が話した人のほとんどは、職場にコーチがいないと言います。

しかしスポーツ競技で結果を出したいときはどうかと尋ねると、彼らは「優秀なコーチを探し出して指導を仰ぎます」とあっさり答えます。彼らは、スポーツと同様に、仕事でもコーチを探すことが重要だとは考えないのです。

コーチングの度合いは、時の経過と共に変化します。入社間もない社員はすばらしい指導を受けていると言いますが、キャリアを数年積む頃には、コーチングに物足りなさを覚えるようになります。管理職の中でも年上の人ほど、コーチがいる人は少なくなります。将来有望な若手が、キャリアの途中で道をそれてしまうのは無理もありません。

奇妙ですね。コーチングや査定のプロセスに相当な時間とお金を費やしておきながら、なぜこんな結果になるのでしょうか？

有能なコーチからメリットを得るカギは、あ、な、た、にあります。

あなたは本当にコーチングを求めていますか？　積極的にコーチを探していますか？　それとも誰かが来るのを待っているだけですか？　誰かからアドバイスをもらったときは、ちゃんと耳を傾けていますか？　それともコーチは間違っていると反論したくなりますか？　口ではコーチングを受けたいと言いながら、建設的なフィードバックなどいらないという態度を取っていませんか？

前述したように、入社間もない社員のなかには、良い指導によるサポートを受けていると感じる人がいます。ところが、何か月または何年か過ぎるとどうなるでしょうか？　仕事が変わったり、昇進したりします。職場の顔ぶれも変わるため、新しい人間関係を築けないと、貴重なアドバイスがもらえなくなるのです。

いずれの場合であれ、あなたから働きかけなければなりません。指導を仰ぐのは私の務めだ、という意識で取り組むこと。積極的に働きかければ、驚くほど多くの人があなたに手を差しのべてくれるでしょう。

人は、自ら困難を切り抜けようとする人を助けたくなるものです。

## 出世した途端に評価が下がった、あるCEOの話

ある非営利組織の悩めるＣＥＯの話を紹介しましょう。

この組織では、貧しい子どもたちを支援するために、さまざまな教育プログラム、課外講習、夏期講習などを行っていました。組織には十分な資金があり、評判も上々でした。創業者は退職して政府機関に転職しましたが、創業メンバーのほとんどは残っていました。新しいＣＥＯは、長年創業者の右腕として補佐を務めていました。

補佐だった頃の彼女は、元ＣＥＯや取締役から高く評価されていました。ところが彼女がＣＥＯに就任した最初の年の査定結果は、まったく違ったものになりました。

取締役会は、彼女の組織運営能力に不安があると指摘し、彼女が何でも自分でやろうとする一方で、直属の部下の指導に熱心ではないと述べたのです。

彼女は八年間その組織で働いていましたが、このように指摘されたのは今回がはじめてでした。取締役会は協力的でしたが、彼女は腑に落ちないままセッションを終えました。指摘をどう解釈したらいいのか、今頃になってどうして批判されるのか、彼女にはわかりませんでした。

彼女は私のオフィスにやって来て、言いました。

「何が変わったんでしょうか？」

その質問をオウム返しにして尋ねると、彼女は取締役会は前ＣＥＯに戻ってきてほしいだけなのでは、と疑問を口にしました。あるいは、取締役会との関係をもっと強化しなければならないのかもしれない、と（補佐だった頃はその必要はありませんでした）。

彼女はＣＥＯという新しい役割をこなせる自信がありませんでした。辞めたらどんな仕事が見つかるでしょうかと私に質問してきたほどです。

そこで、彼女の前職だった補佐の仕事をうまくこなすために不可欠な業務を三つ書いてもらうことにしました。続いて、現職のCEOの仕事についても三つ書いてもらいました。

「この二つの仕事はどう違うのですか?」

「現職について、あなたは自分の能力に何点をつけますか?」

結局のところ、前CEOはほぼ一人で従業員をコーチングしていたことがわかりました。前CEOはビジョンを定め、それを伝え、そのビジョンを基にコーチングを行っていました。補佐だった彼女は、その情報を頼りにし、もっぱら上司の指示通りに動いていたのです。

他にもわかったことがあります。それは、気づかないうちに彼女自身が前CEOのコーチ役となり、必要に応じて適切なフィードバックや現実に即した評価《リアリティチェック》を行っていたことです。

しかしCEOとなった今、ビジョンを定めて従業員に伝え、コーチングをするのは彼女の仕事です。彼女はそのことに気づいていなかったばかりか、経験もありませんでした。彼女には誰かの協力とアドバイスが必要でした。

そこで私は、信頼できてアドバイスがもらえそうな部下を一～二人選んではどうかと勧めました。前CEOが部下である自分と協力しながら業務を行っていたにもかかわらず、彼女はその方法をまねようとはしなかったのです。

数か月後、彼女がやって来て、取締役会があのアドバイスをくれた理由がわかったと言いました。実際には、取締役会は彼女を助けようとしていたのです。

取締役会によるセッションから、彼女は積極的にアドバイスやフィードバックを部下に求めるようになりました。そして、それがとても役に立つことがわかりました。久しぶりに自分が成長し、新しいスキルを身につけていると実感しました。

「うまくやれそうな気がします」彼女が言いました。「この仕事が好きだということもわかりました。少し視点を変えて、仕事のやり方を学ぶだけで良かったんですね」

あなたは管理職になっても、部下からアドバイスをもらっていますか？

業界や部門に関係なく、成功するためには、仕事でもっとも求められることは何かを分析し、自分の能力を評価し、自分の欠点を克服するための戦略を練らなければなりません。

## スキルのミスマッチをどうするか

あなたは転職したいと考えていますか？

今紹介した話は、昇進した後の新しい業務で悩んでいる人によく見られる話です。

スキルのミスマッチが起きる原因はたくさんあります。仕事が合わないのかもしれません。あるいはこのＣＥＯのように、昇進して今までのやり方が通用しなくなったのかもしれません。世の中が変わって、仕事の内容が変わったのかもしれません。あるいは、非常に優秀な人が組織の短所を補っていたところに、その優秀な人がいなくなり、組織のパフォーマンスが落ちたのかもしれません。

第一段階として、スキルが合っているか評価してください。ミスマッチがあれば、その理由をつきとめ、建設的な行動を取りましょう。

## 上司に相談して難局を乗り越えた、ある若者の話

工業製品メーカーに勤める、ある若者の話を紹介しましょう。彼は製造現場の主任でしたが、その仕事に向いていないのではないかと思いはじめました。といっても、これは気まぐれな判断ではありません。やるべきことをやったうえでの判断です。

彼はコツコツと自分の長所と短所を評価しました。それから、直属の上司だけでなく、現場の同僚や部下にもアドバイスをもらいました。同じ職場ではないものの、彼のスキルを熟知している人たちから現実に即した評価《リアリティチェック》ももらいました。自分の仕事で重要な責務についても深く考えました。

そして彼はこう結論を下しました――現場主任は、分析力があり、人材管理を得意とし、プロセスの改善に注力できて、プロセス全体を把握できる人でなければならない。

「でも私は、プロセスを改善する仕事が得意ではないんです。人の管理は無難にこなせるものの、長所と呼べるほどの能力はありません。文章を書くこと、コミュニケーションをはかること、それから営業は得意です。また、社外の人と協力して働くのは得意かもしれません。思うに、工場の現場で指揮を執るよりも、顧客との関係を築く方が得意なのではないかと」

これらを踏まえて、彼は新たなチャンスを求めて転職活動をすべきだろうかと悩みました。しかし、彼は自分の会社も職場の雰囲気も気に入っていて、製品を作る仕事に誇りをもっていました。

私は、会社にとどまれそうな、何らかの解決策はないのかと尋ねました。

「上司がきみの自己評価に感銘を受けて、きみを会社に残そうとするかもしれないよ？」

彼は上司と真剣に話し合うことにしました。上司はこうした問題を打ち明けてきた彼を尊重し、社内の他の幹部たちに面接を頼んではどうかと提案しました。

彼は面接に臨むたびに、自分の長所と短所を説明しつつ、会社で働き続ける方法を見つけたいと打ち明けました。すると幹部から、営業部に向いているのではないかと提案されました。しかも会社は戦略的優先事項として、営業の質の向上に取り組んでいたこともあり、タイミングもピッタリ合いました。

そうして、彼は製造部門から営業部門へと異動しました。営業は彼にうってつけの仕事であることが判明し、彼は熱心に仕事に取り組みました。その一年後、彼はさらに昇進したと報告してくれました。

このようなキャリア変更を前もって思い描くのは簡単ではないでしょう。

このケースがうまくいったのは、この男性が労を惜しまず自分のスキルを評価し、製造現場での重要な業務と照らし合わせ、自分に合う仕事は何か模索したからです。さらに彼は一歩踏み込んでアドバイスとコーチングも受けました。

将来を見据えて取り組んだおかげで、部署を変わることができ、潜在能力を発揮してキャリアアップを実現できたのです。

自分に合った会社や業界にいても、自分に合わない部署にいる人はたくさんいます。人によっては、スキルに合った仕事に就くには、別の会社や別の業界に移らなければならない人もいるでしょう。

いずれにせよ、スキル分析を行い、自己認識を高めれば、次に進むべき道を思い描きやすくなり、キャリアも変更しやすくなるでしょう。

## すべてにおいて万能である必要はない

繰り返しますが、すべてにおいて万能である必要はありません。

これまでに私は、自分の業務に関わる強みが一つか二つ程度しかなく、弱点をたくさん抱えている人と何度も仕事をしました。そんな人であっても必ずしも転職の必要はありません。

たとえば、金融サービス機関で働くある若い女性は、仕事を続けるべきか悩んでいました。彼女は分析力、マーケティング知識、顧客対応に秀でていました。しかし数量的・定量的《クオンツ》スキルで劣るところがあり、金融モデルに関わる業務では四苦八苦していました。

同僚から、クオンツ業務が苦手では不利だし、優秀な成果も期待できないかもしれないと言われたこともありました。そして、株式の銘柄選定や会社評価に関わる業務を辞めて、代わりに営業職を探してはどうかと提案されるのでした。

彼女は、同じ部署の先輩や上司に相談しました。彼らは、彼女のクオンツスキルはぱっとしないものの、その他の点ではきわめて優秀なので、顧客担当チームと協力して弱点を補ってはどうかと提案しました。

なかには「自分も金融モデルを扱うのは得意じゃなかったけど、何とか昇進できたよ」と打ち明ける人もいました。こうしたアドバイスのおかげで、彼女は仕事を続ける決意を固めることができました。

昇進を重ねていくにつれて、金融モデルに関わる仕事は減っていきましたが、他人のクオンツ業務をチェックするのは得意になりました。そして、部下にクオンツ業務の仕上げまで指導するだけのスキルがあることもわかりました。

また、自分のもっている他のスキルをフル活用できるようにもなりました。一人で仕事を完結させる必要はないこと、自分の弱点をカバーできる同僚に助けてもらえばいいこともわかりました。最終的に彼女は、同社のその部門でもトップレベルのポジションに就きました。

私はこれまでの経験から学んだことがあります。それは、チームのメンバーには、自分のスキル不足を補える人を選ばなければならないということです。

## ボランティア活動でスキルを磨こう

私はよく、相談に来た若者たちに、ボランティアや地域の活動に参加して、サービス精神や能力を活かしているか尋ねます。すると彼らはよく、いつかはやりたいけれども、今は時間がないと答えます。いつも寄付金で貢献していますと答える人もいます。

コミュニティで働くことにはさまざまな利点があるのに、過小評価されがちです。

第一に、才能豊かでエネルギッシュな人ならコミュニティをサポートできるし、何かを吸収できます。第二に、普段の活動領域から出て、別の環境で新しいことをやる絶好のチャンスです。他人の支援を通じて、自分自身のことや自分に何ができるかが見えてくるでしょう。

私は、貧しい子どもたちを支援する非営利団体で活動しています。このプログラムでは、大人が生徒に一対一で指導にあたるため、生徒のことをよく理解できるようになります。現場での経験を通して、人をうまく指導する方法を身につけた若者がたくさんいます。

イベントになると、若者たちは人々の前で、生徒との関係を説明させられます。多くのボランティアメンバーにとっては、誰かを指導するのも、観衆の前で話すのもはじめての経験となります。彼らはそのやり方を学び、意外にうまくできて驚いたりしています。

さらに若者たちは、生徒たちやプログラムを運営するフルタイムのスタッフからもフィードバックをもらいます。このプログラムのような地域の活動を通して、自分自身や自分のスキルを理解し、自分の能力に自信をもつようになった人は大勢います。

こうして身につけた知恵は職場で活かせますし、キャリアを築くうえでも役に立ちます。

## あなたが責任をもってやるべきこと

本章のメインテーマを簡単に言うと、「責任をもって自分のスキルを把握しましょう」というところです。

それを可能にするのが思考様式《マインドセット》です。これにより、自分の長所と短所を評価する計画を練ることができます。

さらに、積極的に行動したくなり、年度末査定まで待てなくなります。あなたをよく観察できる立場の人に、観察してアドバイスをくださいと頼みたくなるものです。

本章の冒頭の問いをもう一度見てください。これらの問いに答えるために計画を立てられますか？　あなたの回答のなかに、書き直したいものはありますか？

覚えておいてください。ほとんどの会社の上司は、あなたのためにこんなことはやってくれません。しかしあなた自身が率先して動けば、会社も同僚も積極的にサポートしてくれるでしょう。特にキャリアと能力開発に関しては、責任者になったつもりで取り組みましょう。

他にも、他人の能力育成のサポートを通しても学ぶことはできます。他人の能力評価を指導またはサポートすれば、自分自身の評価についても多くを学べるのです。

このような機会があれば利用しましょう。与えるよりも多くの収穫があることを、私が保証します。

最後に、スキルについて思ったことを書く習慣を身につけましょう。本章の冒頭の問いに対して答えることと、それを書いてみることは別です。思ったことを書き出せば、あなたの考えがはっきりしますし、追究すべき新たな課題も見えてくるでしょう。

あなたの潜在能力を引き出すには、まず自分の長所と短所を評価しなければなりません。次章で紹介する演習を行うために必要ですから、まずは自己評価を行ってください。

**やってみよう**

本章で紹介したスキル評価を終えたら、
仕事の関係上または職場で定期的にあなたの働きぶりを
見ている人にその評価結果を見せて、話し合いましょう。

コーチとの信頼関係がなかなか築けない場合は、
上司か同僚か部下のなかで、
コーチングを頼めそうな人を二～三人見つけましょう。

アポを取り、フィードバックをお願いしましょう。
さあ、セッションであなたは何を学ぶでしょうか？

現在の仕事で抜群の成果を出すには、どんなスキルが必要ですか？
一番重要なものを三つ書いてください。
あなたのスキルはその仕事に必要なスキルと合致していますか？

身近な人にコーチングができるよう、よく観察しておきましょう。
その人たちとのやり取りから、
自分自身や自分の能力について何がわかりましたか？

第3章

# あなたが本当にやりたいこと

## 夢をみよう

あなたはどうやって自分の情熱を見極めますか?

情熱は良いパフォーマンスや
物質的な成功とどう関係していますか?

夢とお金の両方を手に入れるのは、
どうしてこんなに難しいのでしょうか?

効率良く仕事をする人は、大抵その仕事を好きだと言いますが、そのことに気づいたことがありますか?

彼らに成功の秘訣を尋ねると、「効率アップをはかるなら、仕事を好きになることだ」とアドバイスされるかもしれません。また、キャリアを積むには、長期的な展望と強い情熱が必要だと言うかもしれません。

効率良く働く人たちを対象に行った数多くの研究からも、使命感をもって働き、仕事を楽しむ人は、質の高い仕事をする傾向が高いことがわかっています。[1]

ではなぜ、やりたいことを仕事にするべきだという考え方に不信感を抱く人が多いのでしょうか? なぜ人々はやりたいことをなかなか仕事に結びつけられないのでしょうか?

幸せで充実している人の言葉を聞くと、「今だからそんなことが言えるんだ。成功しているからだ」と反応する人がいます。このように主張する人は、相手が成功したのは、やりたいことを仕事にしたからだということに気づいていないのです。

やりたいことと仕事の両立が問題になるのは、キャリアのスタート地点だけではありません。最初の就職先を決めるときはもちろんのこと、キャリアを通じて何度もこの問題と向き合うことになります。社会人となった後も、他に道があったのではないかと、あれこれ考え、激しく後悔することもあるかもしれません。夢を追いかけるにはもう遅いだろうかと、悩むこともあるでしょう。

長年働いていると、他の人があなたよりも仕事を楽しんでいるように見えて、心がざわつくことがあります。自分で事業をやっている人も、あなたよりも給料の低い仕事をしている人も、なぜかあなたよりも幸せそうに見えるのです。

彼らは本当に幸せなのか、それとも隣の芝生はいつも青く見えるものなのでしょうか？

このような話や悩みを、毎週のように聞きます。私もまたこの問題で悩んできましたし、今も悩んでいるので、彼らの気持ちはわかります。

私はキャリアの岐路に立つ企業幹部たちともよく話をします。彼らも、このまま人生を終えたくない、学び、充実感を味わえる道を進みたいと考える個人なのです。

## あなたは何に情熱を抱いているか

〝情熱〟という言葉は、感情や気持ちに関わる意味合いで使われます。情熱とは気持ちが高ぶることであり、頭よりもむしろ心に関係しています。

潜在能力をフルに引き出すには心と頭が連携する必要があるため、情熱は不可欠です。私の経験では、知性とスキルだけでは限界があります。

才能とは関係なく、うまくいかないときはありますし、それが何か月、何年と続くこともあります。嫌な上司の下で行きづまることもあるでしょう。どうすればこうした困難を乗り越えられるのでしょうか？

答えはあなたの情熱にあります。情熱は、困難を克服して、つらい時期を耐え続けるのに欠かせない燃料です。

揺るぎのない目的があるときや、楽しいと感じられるタスクをやるときに、情熱は生まれます。情熱が頑張りを後押ししてくれるからこそ、スキルを磨いたり、逆境をはねのけたり、仕事や人生に意味を見出したりできるのです。

## 新社会人の場合

私はよく学生たちに、何がやりたいかと尋ねます。しかし多くの学生は、わからないと答えます。どうしてわからないのでしょう? 一つには、いろんな仕事をしたことがないため、どの職種でどんな業務をやるのかがわからない、という理由があります。

とっかかりとして好きな科目を尋ねると、ほとんどの学生は一つか二つの科目を即答できます。しかし、その回答を鵜呑みにするわけにはいきません。というのも、学生たちは得意な科目を好きな科目、不得意な科目を嫌いな科目だと混同しがちだからです。

人間は特に楽しいと思わないことでも、ほめられると、それを好きになることがあります。若者は、両親や尊敬する人が好むことを好きになったり、彼らの期待通りの行動を取ったり、仲間受けのいいことをやりたくなったりしがちです。

私は学生たちを適切な方向へ向かわせるべく、演習とメンタルモデルを組み合わせます。おそらく彼らは、社会人になって間もなく一皮むけるような体験をし、学び、成長し、考え方を変えていくでしょう。私の仕事は、彼らが楽しいと感じられて、なおかつ学べそうな分野の仕事を選ぶようサポートすることです。

しかしその後は、しっかりした自己認識と自信をもち合わせていないと、何かが心に響いてきても、それに気づかないでしょう。

また、世の中にはあなたの人格を深く知ろうともせずに、自分の価値観を押しつけようとする人がいます。進路を選ぶときは、このような人からの雑音を無視する必要があります。

## ある程度キャリアを積んだ社会人の場合

経験豊かな人と話すとき、私はよく「ローンの返済、地域での役割、友人・家族・パートナーの期待などはひとまず忘れてください」と言います。

ある程度の実績を積んだ人は、やりたいことが何かを見極めるのが特に難しいようです。というのも、転職やキャリア転換によって失うものが大き過ぎるから。そのため、自分の仕事を気に入っているかどうか、じっくり考えようとはしません。

多くの中堅の社会人には停滞期という問題があります。停滞期が起こると、彼らは不安になり、今後のキャリアの方向性を見失います。

一般的に停滞期は、仕事に対する熱意を失ったときに起こります。仕事の内容や状況が変わって、使命感や業務内容への熱意を失ったのかもしれません。状況は同じままなのに、当事者の価値観が変わって、人生やキャリアに意義を求めるようになったのかもしれません。

こうした問題は完全には解決されないでしょう。というのも、多くの要因がからんでいますし、私たちにはすべてをコントロールすることはできないからです。だからこそ自己認識が重要なのです。

## ジレンマを抱えた、ある医師の話

私の親しい友人の話を紹介します。彼は米中西部のある町で名高い医師であり、患者たちから愛され、地域の人々から尊敬される存在です。彼が医学部に進んだのは、病人を助けたかったからであり、医師の仕事は評判が良いし、もうかると思ったからです。

一年目の研修医《インターン》と二年目以降の研修医《レジデント》を終えた後、彼は三人の年上の医師と共同で病院を開きました。病院の経営はうまくいきました。週末の急患対応は分担し合いました。

友人は少しずつ患者の信頼を得ていきました。地元のカントリークラブに入り、ゴルフの腕も上達しました。教会でもリーダーとなって活躍。年月の経過に伴い、病院では新しい医師を雇い、年上の共同経営者である医師たちは引退して、私の友人は病院の代表となりました。

その頃、管理医療《マネージドケア》システムが主流となり、医療過誤保険の保険料が大幅に値上がりして、病院を運営するための管理費が急増しました。労働時間が長くなる一方で、手取りのお金は減っていきました。

気がつくと、代表として事務員に指示を出すのに追われ、患者の診察にあたる時間が減っていました。以前よりもイライラするようになり、そのうちに、医師を辞めて転職することさえ考えるようになったのです。

そこへ、ある大手製薬会社が、彼に実入りのいい仕事をもちかけてきました。商品を宣伝し、国内をまわって講演してほしいという依頼でした。数年前なら一蹴していたでしょうが、病院の運営に追われて疲れ切っていた当時の彼は、真剣に考え込んでしまいました。

悩んだ彼は、私のところへ相談に来ました。そして、今では仕事が〝たまらなく嫌だ〟とせつせつと語るのでした。

「まさか。きみらしくないな?」と私は言いました。彼は患者に献身的で、多くの人を救ってきました。医師としての経験も豊富です。おまけにまだ比較的若いというのに。

「おいおい、きみはビジネスマンだろ。僕が医者を辞めて、高収入で官僚主義的でない仕事に就くことに共感してくれてもいいんじゃないか」

「さあ、どうだろう。やりたい仕事をやるために、医者を辞めるのならともかく。そうでないなら、僕にはわからないな。きみはどんな仕事がしたいんだい?」

ここで突然、会話がピタリと止まりました。仕事に忙殺されるあまり、彼は何年も自分がどんな仕事をしたいのか自問したことがなかったのです。彼にわかっていたのは、経営者という負担と官僚的な体制が嫌いだということだけでした。

彼はしばらくの間、やりたいこととやりたくないことについて考えていました。それからおもむろに口を開きました。

「思ったんだが、僕はまだ患者の治療にあたることが好きだと思う」

実際、医者以上にやりたい仕事は思いつかないと言うのです。さらに話し合いを続けた結果、彼は医療に携われなくなったら、ものすごく寂しくなるだろうということにも気づきました。もちろん、私にはそうなることがわかっていました。しかし彼は仕事でイライラするあまり、気づいていなかったのです。

私たちは、管理業務を減らして自由を確保し、患者の対応にあたる方法がないか模索しました。近隣の病院との協力体制を変えるとか、別の病院に勤務するなどの選択肢もありました。彼はまだ迷っていましたが、それでも医業ほど好きになれない仕事に飛びつく前に、検討する価値があることを知っていました。

最終的に彼は、共同経営の方法を見直し、管理業務の一部を他の人に委任する方法を見つけました。一部の管理業務は自分で引き受けています。患者の治療にあたる喜びが得られるなら、多少はやってもいいと思えたからです。

こうして彼が妥協できたのは、やりたいことが明確になったおかげなのです。

## 新しい筋肉を鍛える演習

社会人生活は混沌とした日々の連続です。実際、人生は混沌としていますし、残念ながら私たちは未来を見通すことができません。

じっくり考える時間などないと感じることもあります。では、自分が本当にやりたいことを見極めるには、どうすればいいでしょうか？

そこで、いくつかの演習を紹介したいと思います。これらの演習では、あなたがおもしろいとか楽しいと思った仕事や話題にもっと注意を払い、意識してください。

## 最高の自分を思い出す

まず、あなたが本領を発揮したときのことを思い出してください。あなたが輝いていたときのことです。何かすごいことを成し遂げ、それを心から楽しいと感じたときのことです。

それをやっている最中にあなたが「これが好きだ」と実感した何か、みんなからたくさん賞賛された何か、です。(2)

その状況を思い出して、詳しく書きましょう。あなたの職業は何でしたか？　どんな業務をやっていましたか？　どんな環境で、どんな任務があって、どんなインパクトを残しましたか？　上司はいましたか？　それともあなたが自発的にやったのですか？

その出来事全体のあらましを書いてください。その活動の何が気に入ったのですか？　そのなかのどんな要素があなたを楽しませ、あなたを輝かせてくれたのですか？

ほとんどの人は、そのような状況をすぐには思い出せません。だからといって、あなたにそんな経験がないわけではありません。むしろ、自分が最高に輝いて、楽しく何かをしたときのことを考える習慣がなくなっただけです。

状況をざっと書いた後、その思い出から学べることは何か考えてみてください。

あなたは何を楽しいと思ったのか、環境のなかに重要な要素はあるか、どんな種類の作業をやることに喜びを見出したのか。こうした点についてあなたが気づいたことは何ですか？　その思い出から、今のあなたなら何を楽しめると思いますか？　思ったことを書いてください。

## 職業選択に悩む、ある優柔不断な学生の話

ハーバードで教鞭を執って二年目に、ＭＢＡコースの男子学生が就職活動について相談にやって来ました。当時は買い手市場で、就職が困難な時期でした。その学生は、クラスメートたちがこぞって応募しそうな仕事に応募し、彼らとの競争で負けていました。

私は、彼が希望する職種の何が好きなのか、説明してくれと頼みました。ところが彼は「別にこうした仕事をすごくやりたいわけではないんです。ただ、クラスメートが一番いいと言う仕事に応募することにしたんです」と言いました。

私は彼に質問しました。きみはその仕事を好きになると思うかい？　心からやりたいと思うかい？　私の質問に対して、彼は無愛想な表情であいまいな返事をしました。

「そんなあいまいな態度では、面接官に気づかれてしまうぞ」と私が指摘しました。「きみはどうして私に会いに来たんだい？」

「就職活動について報告して、アドバイスをもらうのが合理的だと思ったからです」

「じゃあ、きみは何をするのが好きなのか、聞いてもいいかい？」

彼は少し考えた後、わかりませんと答えました。彼は二九歳でしたが、何が好きかはっきり言えるほど経験が豊富なわけではないと自信なさげでした。

「きみが人生で一番輝いていたときのことを思い出してくれ」と私は言いました。そしてこれはまじめな質問だから、よく考えるよう念を押しました。間もなく彼が笑みを浮かべました。

「何か思いついたかい？」

「はい」

彼は、地元の中学校のフットボール部で、臨時でヘッドコーチを引き継いだときのことを話してくれました。彼は大学を卒業して最初に就職したところで働きながら、非常勤でヘッドコーチを務めたのでした。

「なぜその経験がきみにとってそんなに重要なんだい？」

彼が言うには、コーチに就任した当初、チームは負け越していたそうです。そこで彼は部員一人ひとりと親しくなるよう努め、それぞれに合わせて基礎作りを行い、それぞれの技術に合ったポジションへと配置変更を行いました。

さらには、部員たちに自信を与え、試合のたびに勝ち負けを気にするのではなく、全力を尽くすことに集中させました。するとチームは驚くほど強くなり、シーズンを優勝で締めくくったそうです。

彼はこの経験から、今の就職活動に活かせる教訓を何か学んだのでしょうか？

「そうですね。人の指導や管理が好きだと思います。チームで何かを作ったり、協力して働いたりするのは本当に楽しいです。教えるのも好きですし。事業部を運営する方法を学べる会社で働けると、楽しいでしょうね。人を管理する仕事は好きになると思います」

「きみが応募している仕事のなかで、組織運営を学べそうな仕事はあるかい？　金融や資産運用の仕事で？」

「いいえ。たぶんどこもないと思います」

「コンサルティング会社はどうだろう？　コンサルなら小さなプロジェクトチームの管理方法が学べそうじゃないか。もっとも、大きな事業部を管理する機会はないかもしれないが」

金融などの職種は分析力や助言するスキルを身につけるのにふさわしい仕事といえるでしょう。しかし、コーチング、リーダーシップ、事業部や会社の運営となると話は別です。

結論からいうと、彼はやりたい仕事ができそうな会社を再度訪問することに決めました。

結局、数週間後に彼が選んだのは、リーダーシップの研修プログラムがあるメーカーでした。そこなら比較的早く管理的業務に就けるかもしれません。後に彼が教えてくれた話では、就職面接では、その仕事に対する熱意があったおかげで力強くはっきりした声で主張をし、説得力のある議論ができたそうです。

二年後、彼はその仕事を選んで本当に良かった、たとえ友人からうらやましがられようとも、心からやりたいわけでもない仕事を選ばなくて良かったと報告してくれました。

私自身、この学生の話には強い印象を受けました。まわりからの圧力がいかに強い影響をもつかを実感すると共に、本領を発揮したときのことをなかなか思い出せない人が多いことも知らされました。

また、この学生と知り合って以来、彼があれほど幸せそうな様子を見たことがなかったので、あの一見無愛想な彼が、自分の好きなことを話し出した瞬間にパッと明るくなったことを思い出すと、笑わずにはいられません。彼が今、あの情熱で同僚たちにどんな影響を与えているのかと想像すると、うれしくなります。

このような状況を、私は幾度となく目にしました。好きな仕事に就けると、人は驚くほど生き生きとするものです。

情熱は、私たちが天職を見つけたり、あきらめずに頑張ったり、弱点の克服に努めたりするのに欠かせない燃料です。情熱があるからこそ、私たちは高みをめざして戦い続けることができるのです。

## メンタルモデルを使う

自分が何を望み、何をやりたいかを見極めるために、メンタルモデルを使うこともできます。つまり、仮に○○だったら、何をするか（そしてなぜそうするのか）を考えるのです。メンタルモデルの例をいくつか紹介しましょう。

**●仮にあなたがあと一年しか生きられないとしたら、何をして過ごしますか？　その結論か**

ら、あなたが好きなことは何で、やりたいことは何だと思いますか？
●仮にあなたにありあまるほどお金があるとしたら、どんな仕事やキャリアを追い求めると思いますか？
●将来的に成功することがわかっていたら、今どんな仕事を探すと思いますか？
●子どもや孫に、仕事でどんなことを成し遂げたと話したいですか？　あなたのキャリアについて、どう説明しますか？
●第三者として自分にアドバイスするとしたら、キャリア選択について何と言いますか？

メンタルモデルなんてバカげているとか、こっけいだと思われるかもしれませんが、ゆっくり時間をかけて試し、自分の回答をよく吟味し、ノートに書くことをお勧めします。そうすれば、びっくりするようなことが見えてくるかもしれません。これらの問いはどれも、人々からどう思われるだろうかといったあなたの恐れ、不安、心配を取り除き、あなたが信じ、望んでいることに集中するためのものです。

不幸にも世の中には、〝余命いくばく〟の問いに身をもって答えなければならない人がいます。私にもこのような人たちと知り合う機会がありました。

彼らがそれぞれの苦難に向き合う様子を見た私は、人間が自らの信念のために情熱を燃やすと、逆境をはねのける潜在能力と底知れぬ可能性があることを実感させられました。

## 治療法を探し求める、ある三人姉妹の話

私の友人にジェニファー・エステスという女性がいました。彼女は野心的な演劇プロデューサーでしたが、一九九七年、三五歳のときにALS（筋萎縮性側索硬化症）と診断されました。彼女には二人の姉妹がいました。姉のヴァレリーは才能あふれる作家、妹のメレディスはビジネス手腕と管理能力を発揮する仕事をしていました。三人はとても仲の良い姉妹でした。ジェニファーは独身でしたが、ヴァレリーとメレディスは結婚して子どももいました。

アメリカでは毎年約五〇〇〇人もの人々がALSを発症します。効果的な治療法はなく、一般的に診断から三～五年以内に亡くなる人がほとんどです。

ジェニファーの診断結果を受けて、三人姉妹はこの病気のことを徹底的に調べ、一流の科学者や臨床医を訪ねました。ところが治療法はなく、ジェニファーの最期に向けて準備した方がいいと言われました。このアドバイスを聞いた彼女たちは、闘うことを決意しました。

彼女たちの情熱は、ジェニファーだけでなく、延命を願う他の患者たちを助けることにも注がれました。姉妹たちは、ALSの患者が、自分たちと同じような絶望を味わわずに済む日が来ることを夢見ていました。

その熱意から彼女たちは、一九九七年に〈プロジェクトALS〉という組織を立ち上げました。先端医療を支援するために募金活動を行い、研究者と臨床医とが連携して、ALSの治療

法を見つけるべく邁進しました。

彼女たちはリーダー的な役割を果たすようになり、その努力はＡＬＳの研究を飛躍的に進歩させました。いつかこの恐ろしい病気の治療法が見つかることでしょう。

ジェニファーは二〇〇三年に亡くなりましたが、エステス姉妹と志を同じくする大勢の人たちの熱意によって、闘いは今も続いています。三人の姉妹には科学的な知識も医学的な知識もありませんでした。彼女たちが大きな影響力をもてたのは、目的に対する情熱があったからに他なりません。

あなたがこのような困難や悲劇に直面しないことを望んでいますが、他方で、もしこのようなことがあなたの身に起きたらどうするかを、真剣に考えていただきたいのです。

恐ろしい診断を下されてから、慌てて人生の過ごし方を模索するようではいけません。

残された時間を家族や友人と過ごす以外に、どうしてもやりたいことがありますか？　もしあるとしたら、なぜタイムリミットを言い渡されるまで放置するのですか？　なぜ今やりたい道を突き進まないのですか？　少なくとも多少の時間は割けるのではないですか？

試しに、本章で紹介したメンタルモデルをやってみてください。これをやれば、あなたは何が好きで、どんな仕事を楽しいと感じるか、何らかのヒントが見つかるかもしれません。

このトレーニングはあなたの意識を高め、意思決定に良い影響を与えてくれるでしょう。

## 妥協という問題

このテーマについて議論を行うと、妥協という問題が生じます。多くの人は、夢を追いながら経済的に成功することは簡単ではないはずだと感じています。「とりあえず今はお金を稼いで、夢は後から追いかけたい」と話す学生を大勢目にしました。

この論理には問題があります。まず、熱意があるからこそ仕事で成功したり、高い実績を築いたりできるのだということを見落としています。

さらに、一度仕事をはじめてしまうと、まったく違う仕事に転職するのが難しくなることも考慮していません。

同じ業界内の別の仕事に就くか、会社内で今の仕事に近い仕事に変わるなら、何とかなるかもしれません。しかし、業界や職種を大きく変えたい、それもキャリアを振り出しに戻すことなくやりたいと思うなら、話は別です。

## お金か夢か——妥協してはいけないこと

私の経験から言うと、あなたが本領を発揮するには、今の仕事に対してある程度の熱意がなければなりません（ほぼ例外なくそう言えます）。

もちろん、仕事のなかには好きになれない業務もあるでしょう。しかし、高いレベルで仕事をこなし続けるには、楽しく働ける業務がある程度必要なのです。

石油でも掘り当てない限り、金銭的な利益は後払いがほとんどです。つまり、一般的には高いパフォーマンスを長く続けた後に、ようやく収入に結びつくのです。収入で仕事を選ぼうとする人は、何年もベストな結果を出し続けなければならないことを肝に銘じておいてください。

できるだけ高い報酬、ステータス、権力、ポジションをほしいという、野心的な人を何人も見かけました。こうした動機（「外発的動機づけ」）はあなどれません。同時に、「内発的動機づけ」も無視はできません。内発的な動機づけとは、学習意欲、信念、人間関係、スキル磨き、訓練、所属意識、仲間意識などのことです。

繰り返しますが、高いパフォーマンスを長く維持するには、内発的動機づけをいくらか満たす仕事をする必要があります。そのためには、仕事をはじめて間もないうちに、その仕事があなたの内発的動機づけを十分に満たしてくれるかどうかを見極めることが重要です。

外発的動機づけは、満たされるまでにしばらく時間がかかるだけでなく、決して満たされないこともあると心にとめておきましょう。

たとえば、製品のコモディティ化、新しい産業の発達、グローバル経済の変化など、大きな潮流の影響を受けることがあるからです。その反対に、もうからないと思っていた仕事でも、あなたがずば抜けた手腕を発揮すれば、驚くほどもうかることもあります。

どんな仕事をするにせよ、就職して最初の数年間は、お金持ちになることも、有名になることも、会社のトップに抜擢されることもないでしょう。実際には、外発的な目標を達成するまでに苦労する人がほとんどです。稼ぎやすい仕事も例外ではありません。

私がこの点を強調したのは、条件の良さで仕事を選んだ人が、しばしば私の元に相談にやってくるからです。

彼らは就職してしばらくすると、仕事が楽しくないと感じはじめます。そして、キャリア形成の前半にありがちなフラストレーションや難題を前にして、途方に暮れてしまうのです。絶対にゆずれない外発的な動機づけがあるのはいいことですが、いつかそれが手に入るという見込みだけでは、毎日の地道な作業を楽しいとは感じられないでしょう。

率直に言えば、仕事に耐えられなくなったのです。将来の収入を約束されても、仕事を続ける動機としては不十分だったのです。彼らは、仕事における日々の困難を乗り越えるには、本質的な動機（業務を楽しいと思えること、使命感をもつことなど）がある程度満たされなければならないことを身をもって知り、ショックを受けていました。

もちろん、完璧な仕事などありません。しかし、仕事を楽しいと感じ、辞めずに続けなければ、あなたの希望通りのごほうびを手に入れることはできません。仕事が楽しくなれば、自分の弱点を克服し、コーチングを受け、自発的にスキルを磨きたくなるでしょう。

世の中には、ただ上達したい、自分を鍛えたいという目的のためだけに一生懸命努力する人がいますが、何が彼らをそうさせるのでしょうか？　私が見た例では、そうした人々には情熱があり、その情熱が働く意欲を生み出して、優れた結果に結びついていました。

あなたは働く意欲を維持できるほど、自分の仕事に情熱を感じていますか？　このことを自問し、答えを見つけてください。

## うまくいかないのはなぜか

シンプルな話に思えますが、なぜ実践するのは難しいのでしょうか？　やりたいことがなかなか見つからないのはなぜか？　やりたいことをなかなか行動に移せないのはなぜか？　あなたはあれこれと考えているかもしれません。

本章の演習や内容が役立つかもしれませんが、それでも思った通りに行動できない理由について確信がもてない人もいるでしょう。

私の知る限り、こうした問題で悩む理由はたくさんあります。第1章で述べたように、まわりからの圧力と社会通念という、二つの問題があります。

まわりからの圧力とは、友人や家族や仲間からの期待に応えようとすることです。社会通念とは、これが人気だ／かっこいい／高く評価されている／価値がある／理想的だ／ふさわしいといったアドバイスや助言のことです。人の目を気にし、自分に自信のない人は、このような声に左右されやすくなります。

現在の状況を意識し過ぎて、身動きが取れなくなることもあります。

人はよく「これについて考えたいのはやまやまだけど、そんなぜいたくを言ってられないんだ」、「どうしてもお金が必要なんだ」、「この仕事が必要だ」、「仕事がほしい、どんな仕事でもいいから」、「今さらそんな〝型破りな道〟を選べないよ」、「これはただのつなぎの仕事だから」、「やりたいことについては、退職してから考えるよ」などと言います。

第1章で述べた「五つのルール」の一つに「現実を見失わず、環境に適応する」というものがありました。

私たちは今ここで生活し、家族や愛する人への責務を果たさねばなりません。しかし、重要なのは、あなたが自分の置かれている状況を把握したうえで、きっぱりと選択することです。

きっぱりと選択しない方が楽だと気づいて、思考停止に陥らないよう気をつけてください。そんなことになれば、自分が何を好きなのかを知ろうとしなくなり、悪循環に陥ってしまうでしょう。

先ほど言い訳の例を紹介しましたが、これらに心当たりはありますか？　言い訳をしはじめると、自分がやりたいことを見極めても仕方がないと思えてきます。

この問題について考えているうちに、私は「物事」と「方法」を区別する方がいいことに気づきました。

あなたがどんな「物事」に関心を抱いているかを見極める方が、何かと有利なのです。やりたいことを実現する「方法」については、後から考えればいい。実現する「方法」がわからないことを言い訳にして、やりたいことを見極める取り組みを怠らないでください。

言い訳は他にもあります――「みんなをがっかりさせたくない」、「私だって生き方を変えたいけど、みんなから頼りにされてるから」、「今すぐは無理だ」、「経済の状況が悪過ぎるからなぁ。このタイミングでは行動に移せない」。

しかし、このような言い訳は往々にして「不安だ。どうなるかわからないなんて怖い。ひどい目に遭うかもしれない。うまくいかなかったらどうしよう？　バカだと思われてしまう」という気持ちを隠しているに過ぎません。

もう一段階深い層に行くと、こんな心の声も聞こえてくるかもしれません——「私の実力では無理だ。一度もうまくできたことなどないのに。ダメ人間だということが、みんなにバレてしまう。私のことを高く評価してくれる人もそっぽを向くだろう」。

さて、心理学を語るのはこのぐらいでやめにしましょう。こうした問題は軽く議論するわけにはいかないからです。

ここでの目的は、あなたにあれをしなさい、これはやめなさいと指示することではありません。むしろ、あなたにもっと自己認識を高めていただくことです。

## 夢をもとう

あなたの潜在能力を引き出すには、情熱が欠かせません。あなたが何に情熱を抱いているのかを知るには、心配や不安を脇へ追いやって、自分の願いや夢に集中しましょう。

すぐに何をすべきかを決める必要はありませんし、その夢が現実的かどうかを分析する必要もありません。ブレインストーミングも行ってください。あなたも、せっかくのアイデアを検討する前につぶしたくはないはずです。

繰り返しますが、「方法」を心配する前に、「物事」に集中してください。この演習で真っ先にすべきことは、自分を認識することです。おもしろいことに、自分が求めているものが何かわかると、チャンスが来たときにそれに気づくようになります。

本章では、情熱という筋肉を鍛える方法をいくつか紹介しました。

多くの人には訓練が必要ですが、こうした演習は定期的にやるだけの価値があります。管理職の人は、部下に勧めるといいでしょう。

私自身も以前、会社を辞めようとする同僚にこの方法を試してもらい、退社を思いとどまらせたことが何度もあります。私たちはこの方法を使って彼らの業務内容を見直したり、彼らのやりたそうな仕事を社内で見つけたりして、対処したのです。

最後になりますが、この作業は一般的にあなたが自分のためにやるよりも、他人がやるのを手助けする方が簡単です。

他の人が何をやりたいかを見極めようとしていたら、助けてあげてください。人助けすることで、あなた自身の本質も見えるようになりますし、自分が何を楽しいと感じるのか見極められるようになり、キャリアの突破口を開けるようになるでしょう。

## やってみよう

本章で紹介した「一番良かった自分」を思い出す演習をやってみてください。
この演習で気づいた点を二、三書きましょう。

本章で紹介した五つのメンタルモデルのうち、最低でも二つか三つを試してみてください。
気づいたことをメモし、
それを誰かに打ち明けて話し合ってみましょう。

この二つの演習の結果を基にして、
あなたに合いそうな仕事をいくつか書き出します。
それぞれの利点を早々と判断しないこと。
ミッション、環境、メンバー、地位、お金など、
その仕事についてあなたが気に入りそうな点は何ですか？

内発的動機づけを無視して、
外発的動機づけばかりに注目しないでください。
あなたが好きな活動に時間をかけられないのはなぜですか？
その障害を取り除く方法はありますか？

第４章

# 自分を理解しよう

## 心の声の影響力について

あなたはどんな人生を送ってきましたか？

意思決定を行うときや行動するとき、
あなたのなかの「勝者の口調」と
「敗者の口調」からどんな影響を受けますか？

あなたが何かをするとき、
なぜそんな行動を取るのか、
その理由を知っていますか？

キャリアを築き、潜在能力を発揮させるには、スキル評価を行い、夢をはっきりと認識した後、さらにもう一段階進む必要があります。

この段階では、これまでの人生を見つめ直し、過去の体験があなたの人格にどう影響しているかを探ります。

自分の人生を見つめるなど簡単だと思うかもしれません。もちろん、あなたは自分の体験をすべて知っているはずですから。しかし、ことはもっと複雑かもしれませんよ？「あなた」というプリズムを通して見ると、あなたの行動にはすべて意味があることがわかります。自分への理解が深まるほど、自分をコントロールしやすくなり、夢に近づくための行動も取りやすくなります。

誰にでも独自の人生のエピソードがあります。あなたが過去に体験したことは、あなたの感情、ものの感じ方、個性、思いこみ、弱さ、気持ちに大きな影響を与えています。人生をたどれば、あなたの行動の意味がわかるのです。

私たちがもっとも対処法を学ばなければならない重要人物は、自分自身だと言われています。(1)自分をコントロールするためにも、本書で提案する方法を実践するためにも、あなたは自分の人生経験を理解しなければなりません。

人生経験は、良い意味でも悪い意味でも、あなたの行動パターンに影響を与えています。あなたが経験した出来事は変えられませんが、人生経験が自分の行動に与える影響に気づくことは可能です。

まずは、人生の物語をノートに書きます。そしてその記述から、あなたという人間を理解するのです。これは、自己認識を高めるための演習です。

俗に言うように、あなたはあなたの過去の産物であり、あなたの未来の作り手だからです。多くの人が自分の未来を築こうとするものの、自分の人生やキャリアの発展につながるような建設的な行動が取れずに、つまずいてしまいます。しかも、どうして前向きな行動が取れないのか理由もわからない有り様です。

しかし、自分の過去を掘り下げていくと、その理由がわかるかもしれません。

「こんなことをしてはいけない」と知りながら、後悔しそうな行動を取ってしまった――多くの人がそんな経験を語ります。

たとえば、仕事の効率は落ちるし、仲間から尊敬されなくなるとわかっていても、職場で怒鳴ってしまう人。ミスを認めたらバカだと思われると心配し、小さなミスも認めようとしない人。対立を恐れるあまり、同僚が下したビジネス上の判断に反対できない人など。

何が自分をそのような行動に駆り立てるのか、気づいている人もいれば、そうでない人もいます。

人がどういう理由でどんな行動を取るのかは、大抵の場合、その人の人生経験を見ればわかります。

私は精神分析医の役割を担うつもりはありません。そんな資格もありませんし。その代わりに本章では、潜在能力を発揮するには人生経験が重要なカギとなることを伝え、あなたがもっと自己認識を高められるよう後押しします。

この努力は一生続くことになります。いつかその努力が大きく実を結べば、あなたの希望通りのキャリアと人生を築けるでしょう。

## 第一段階：自分史を書く

第一段階として、あなたの人生について書いてください。

時間軸に沿って書くといいでしょう。生まれたのはどこですか？　両親、兄弟姉妹、暮らしていた町、知り合いなどについて書きましょう。

当時の意味深い体験を、こまかいところまで思い出してください。学校での出来事や両親との重要なやり取りなど。現在に至るまでの体験を書きます。

この第一段階では、基本的なことを描写するにとどめます。エピソードや事実に、分析や見解を付け加える必要はありません（書きたくなるかもしれませんが）。

例として私の話を紹介しましょう。

私はカンザスシティで生まれ、育ちました。父のマイヤーと母のフローレンスは共にニューヨーク市で生まれ、一九五一年にカンザス州に引っ越してきました。

父は八人兄弟の末っ子で、母には兄が一人いました。父の父親は、父がまだ幼かった頃に亡くなり、父はブルックリンで食うや食わずの暮らしのなかで成長しました。私が幼かった頃、父が当時の奮闘ぶりにまつわるエピソードをいくつも話してくれました。

母の父親は、ニューヨークで服飾事業を営んでいました。彼は積極的に株式に投資していましたが、一九二九年に株価が暴落し財産を失ってしまいました。

両親は一六歳のときに出会い、二〇歳で結婚。第二次世界大戦の勃発と共に軍隊に入隊した父は、結婚して間もなくヨーロッパに派遣されました。父はヨーロッパで三年間戦い、その後何度も、私にその痛ましい戦争体験を話してくれました。

父は一九四六年に帰国し、働きながら夜間クラスに通って大学を卒業。一九五一年には、勤務先の宝飾企業から米中西部の営業担当を任され、かくして両親はカンザスへと引っ越してきました。

私の話はここまでにしておきますが、どう書くかおわかりいただけたでしょうか。私なら両親の話と、私自身の話や体験を思い出せば、何ページも書けます。ここまで書いただけで、私の両親の経験が私に大きな影響を与えたことを実感できます。

お金にまつわる両親の苦労話は――さらに、私も自分の家庭で何度もお金で苦労したこともあり――私の考え方に大きな影響を与え、それは今も続いています。

担当地域をまわるセールスマンだった父は、一年に八万キロ以上車を走らせて、中西部の小売店をまわりました。給料は歩合制だったため、売り上げに応じた報酬しかもらえませんでした。母も働いていました。二人とも一生懸命働いていたのを憶えています。

両親から聞いた話やアドバイスも忘れていません。これらのエピソードに私自身の体験が加わって、私の人間性に影響を与え、人生の節目で私が下す決断の基礎となっています。

といっても、私もつい最近まで、両親（と人格形成期に私が体験したこと）が自分の行動に大きな影響を与えていることに気づきませんでした。

いろんなことを自問するようになったのは、大人になってからです。

どうして私は仕事ばかりしているのか？　倹約家で、金銭的な報酬に心を動かされないのはなぜか？　形ばかりの権限だの社会通念だのを前にすると、どうして疑い深くなってしまうのか？　実入りのいい仕事をやめて、ハーバードで教える道を選んだのはなぜか？　時折完璧主義者になって、実力を発揮できなかったらどうしようと心配になるのはなぜか？　今まで、自分にそんな一面があることに気づいていただろうか？

大勢の人と同じように、私もまた時間をかけて人生を振り返ることも、過去の影響力について考えることもありませんでした。

過去を振り返り、自分の過去と向き合おうと思うようになったのは、ハーバード・ビジネススクールでビル・ジョージと一緒に教えはじめてからでした。「本物のリーダーとは」というその授業を通して、人生経験がその人に与える影響力の大きさを悟ったのです。

私の体験談を参考に、どんな形でも構いませんから、あなたのやりやすい方法でじっくりとこれまでの人生をまとめてください。

完璧に書く必要はありませんし、他人に見せる必要もありません。目標は、人生を紙に書くことです。試しにやってみてください。私がこの演習をしたときは、思った以上に時間と集中力が必要でした。あなたもそうなるかもしれません。

## 自分史から何がわかるか

書き終えたら、自分の人生についてじっくりと考えてみてください。何がわかりましたか？改めて気づいたことにびっくりすると共に、熟知しているはずの自分の話に驚き、新鮮に感じたのではないでしょうか。

自分史を書いてみると、あなたが意思決定を下すときに、予想以上に両親（としつけ）の影響を受けていることに気づきませんか？

それから、出来事を書いているときに何らかの感情がわきおこって驚くこともあります。また、今までは見過ごしてきたものの、あなたの行動と経験にはある種のパターンがあることに気づく場合もあるでしょう。

しかし最後には、人生経験を完璧に読み解くことはできないと思いはじめるかもしれません。おまけに、人生が今日のあなたの行動にどう影響しているのかわからなくなることもあります。どう思うかはともかく、人生を読み解き、あなた自身を理解するには、まずはこれまでの人生を書いていただかねばなりません。

私の経験から言っても、これは大きな一歩となるはずです。ですから、数週間かそれ以上かけて書き、思い返し、あなたの自分史にどんどんエピソードをつけたしてください。重要なのは、とにかく書くことです。

書いているうちに、あなたの行動に大きく影響している出来事があることに気づくでしょう。その出来事が、あなたの行動、信念、決断にどう影響しているか、書いてみましょう。

繰り返しますが、重要なのはあなたが何に気づくかです（気づきは、本章を通して重要なカギとなります）。ここでは「良い」「悪い」「こうすべきだ」「すべきじゃない」といった判断は無用です。重要なのは、これらを通してあなたがどんな洞察を得るかなのです。

## 第二段階：勝者の口調と敗者の口調で書く

自分の人生について書いているときに、いくつもの声があなたの物語を紡いでいることに気づきましたか？

実のところ私たちは、自分自身に語りかけるときだけでなく、誰かに話しかけるときも、さまざまな口調を使い分けていることが多いのです——たとえば、就職の面接のとき、はじめて会った人と話すとき、デートするとき、子どもと話すときなど。

どんな口調があるか見てみましょう。(2)

### 勝者の口調

一般的に、あなたが誰かに向かって話すときは、主に「勝者の口調」で話します。あなたにまつわる楽しい話をするときです。

ピンと来ない人は、選挙の候補者の街頭演説や広告を思い出してください。彼らは、ポジティブで共感的な目線で自分の話をします。

では、勝者の口調であなたの自分史を書いてみましょう。

参考までに、私自身の自分史を勝者の口調で簡単にまとめてみました。先に紹介した基本的なエピソードを、ポジティブな口調で語っています。

「私は二世のアメリカ人です。両親は世界恐慌と第二次世界大戦のさなかに成長しました。両親はアメリカンドリームを体現し、まじめにコツコツ働くことで貧しい生い立ちを克服して成功しました。二人が豊かになろうと努力したのは、家族を愛していて、子どもたちにより良いチャンスを与えたかったからです。

私は、両親の愛情と献身的な姿勢に刺激を受けました。私もあんな風になりたいと思いました。両親に私のことを誇りに思ってほしい、一生懸命働いた甲斐があったと思ってほしい、その一心から一生懸命勉強し、働きました。両親を見習って、学校でも仕事でも成功しようと努力しました。

仕事で成功をおさめた私は、ハーバード大学へ行って、学生たちが成功を手に入れて潜在能力を発揮できるよう、教えることにしました。私の人生は成功と愛情に満ちたものであり、これはアメリカンドリームを実現する話です。この国では、まじめにコツコツ働けば誰でも成功できるのです」

いい話です。「勝者」の話ですから。読んでいるうちに涙ぐんでしまった人もいるかもしれません。母は誇りに思ってくれるに違いありません。父も、生きていれば誇らしく思ったことでしょう。初対面の人にこの話をすれば、良い印象をもってもらえると思います。

しかし、これは一つのバージョンに過ぎません。私の頭のなかで聞こえてきた声、私のこれまでの出来事を語る声は、一つだけではありませんでした。一つの事実や経験について、さまざまな声が聞こえてきたのです。

## 敗者の口調

私の過去について、「敗者の口調（または自己不信の口調）」で語る声があります。ご想像の通り、この口調ではそれほど輝かしい話にはなりません。就職面接の場や本の「著者紹介」の欄で、この口調を見かけることはめったにありません。これは私の頭のなかに聞こえてくる別の声なのです。

私と話したことがある人や、一緒に働いたことがある人は、私の頭のなかにこんなネガティブな声があるとは想像もできないでしょう。私の雰囲気や態度を見た人は、私を自信に満ちあふれた人とか、幸せそうな人だと思うかもしれません。しかし、そうでもないのです。

自己不信の口調で人生を語るとこうなります。

「私の父は出張が多く、母も働いていました。私はいつも家で一人で過ごしていました。私は、貧しい家庭に生まれ育ち、お金で苦労した両親を愛し、二人から大いに影響を受けました。私は、苦難に耐える両親を心から心配すると共に、二人の犠牲に報いるためにも頑張らねばと思うようになりました。

子どもの頃は神経質でした。特に人と関わる場面で、よく冷や汗をかきました。パーティで、女の子と話すときに汗だくになっている少年を見たことがありますか？　私もあんな少年でした。少しおどおどしていたのです。高校の頃はスポーツが得意でしたが、成績は不安定でした。というのも、ときどき集中力が散漫になるうえに、自分に自信がもてなかったからです。

家を出て大学に進むと、私は不器用な性格をカバーする方法を見つけました。猛勉強するのです。実際に、大学生の頃は勉強ばかりしていました。ただ者でないことを証明したい、良い成績を取りたいと一生懸命でした。その後、ハーバード・ビジネススクールに進学してからも、同じように努力を続けましたが、もう少しバランスを取るようになりました。

大学院を卒業した後は、ゴールドマン・サックスに入社しました。マーケットも会社も好きでしたし、神経質で上昇志向の強い社員たちといるのはとても気が楽でした。ある意味、会社は隠れ場所をくれたのです。私はいつも働いていて、そのおかげで人付き合いから逃れることができましたから」

この調子でまだ続けられますが、だいたいわかったのではないでしょうか。この敗者の口調の根底には「こんなことではダメだ」、「周囲に溶け込めない」、「私には仕事しかないのだから、身を粉にして働かなければ」といった思いが根づいています。

といっても、要点を明らかにするために、少し大げさに書きました。

その後、成長して落ち着き、自信ももてるようになりましたが、私の頭のなかには、今も敗者の口調がさまざまに形を変えて聞こえてきます。それだけでなく、勝者の口調と敗者の口調の間にもトーンの異なるさまざまな口調が存在します。

心の声について考えるときは、わき起こる思いをコントロールしようとかブロックしようとか思わないことです。

重要なのは、そのような声に気づいて理解しようとすることであり、こうした声があなたの意思決定や行動にどんな影響を与えているのかを把握しようと努めることです。

前にも述べましたが、同僚たちは大抵、私のことを自信に満ちた人間だと勘違いしています。私の頭のなかに自己不信の声があると知ったら、みんな驚くでしょう。

彼らが見ているのは私の経歴と自信に満ちた外見だけです。とはいえ同僚たちは、私がある特定の問題になるとムキになるところや、いつも取りつかれたように集中しているのを見て唖然とすることがあります。

しかし、なぜ私がそんな行動を取るのか、その理由はわからないのです。

## 心の声に気づく

私たちがすべきことは、こうした口調の違いに気づき、これらの声が私たちの行動にどう影響するかを理解することです。(3)

重要な決断を下すときは、どちらの声が聞こえてきますか？　ミスをしたときや、重いプレッシャーにさらされたときは？　後悔するような行動を取ったときや、やりたいことを行動に移せないときは？　その声はあなたの意思決定、理解力、行動にどう影響していますか？

これは簡単に解ける問いではありません。自分が取った行動の理由が簡単にわかる人など、そういないのですから。

## 第三段階：心の声の影響力を理解する

勝者の口調であなたの自分史を最後まで書いてください。英雄になったつもりで書きましょう。

あなたの母親が友人にあなたを自慢するような話でもいいし、カクテルパーティであなたが自分を語るときのような話でも構いません。あなたの人生を輝かしいものとして語ってもいいではありませんか。

次に、敗者の口調で自分史を書きます。こちらの方が難しいかもしれません。そんな話を人に語ることはめったにないでしょうし。

しかし、あなたの頭のなかでは聞こえているはずです。うまくまわりに溶け込めない話、自分の力不足をくよくよと悩む話、失敗を恐れる話、あるいは人々の期待に応えられなかった話。あるいは、見放されたと感じた話か、拒否されるのを恐れる話でしょうか。

たとえ頭のなかにあっても、書きたくない話かもしれません。あるいは、そんなことを考えていることを認めたくないかもしれません。いずれにせよ、頑張って書いてみてください。この演習から何かを学ぶことができるはずです。

両方のバージョンを書き終えたら、それぞれの声があなたの頭のなかで聞こえるときの状況を思い浮かべてみてください。

前向きな決断や自信満々で決断するときは、勝者の口調が聞こえてきませんか？　逆に、敗者の口調に邪魔されて、職場で率直に意見を言えなかったことや、ここぞというときに主張できなかったことはありませんか？

たとえばある状況において、あなたが何かをすべきだと思ったとします。そのとき、あなたの頭のなかの声は、背中を押してくれますか、それとも足を引っ張りますか？

好きなことに集中したり、やりたい仕事を見極めたりするときはどうですか？「これは私には無理だ」とあきらめるとき、あなたの心の声に影響されていませんか？

## 親の期待に応えようとする、ある女性の話

米北東部のメディア企業で営業部長をしている三四歳の女性の話を紹介しましょう。彼女は

大学を卒業してからずっとマスコミの営業畑で働いてきました。

父親はベンチャー事業を次々と立ち上げる起業家で、母親は小学校の教師でした。営業部長であるその女性は経済的に裕福で、毎年給料の一部をしっかり貯金していました。

彼女は共通の友人を介して私のところにやって来ました。私はその友人から、彼女にアドバイスをしてあげてほしいと頼まれたのです。

その女性は私を前にすると、仕事に行き詰まりを感じていると言いました。しかし、今の仕事について尋ねたところ、仕事は彼女のスキルにマッチするものでした。彼女は明らかに仕事をそつなくこなしていて、しかも能力に見合った働きをしていました。

問題は、彼女が会社の商品やミッションに情熱を見出せないことでした。彼女は、営業職としての職務を熱意をもってやりたいと感じていたのです。

そこで私は、なぜ仕事を辞めないのかと尋ねました。すると彼女は、安定した収入を手放したくないと言いました。その結果、ぐずぐずと仕事を続けてしまったというわけです。

彼女に夢は何かと尋ねると、環境保護関係の仕事がやりたかったと言いました。温室効果ガスの排出削減や、食料・空気・水の質の改善に取り組みたかったそうです。

というのも、彼女は一〇代の頃に水銀中毒を患い、人生の一部を環境保護に捧げたいと強く感じていたからです。

「キャリア転換をはかるよりも、ボランティア活動でその役割を果たせないかな？」と私は尋ねました。

「今まではボランティア活動で妥協してたんですが、だんだん物足りなくなってきたんです」

彼女は状況を詳しく説明してくれた後、首を振りました。

「バカみたいですよね？　職を求めている人が世の中にはたくさんいるのに、環境保護をやりたいなんてわがままを言って。ゴチャゴチャ言わずに、仕事に本腰を入れなくちゃ。恵まれていることに感謝しなくては。仕事がすべてじゃないですしね」

「なるほど、あなたの言いたいことはわかりました。でも、どうしてあなたは夢を追うことを論外だと言うんですか？」

彼女は少し考えた後、こう言いました。

「実は、私は幼い頃から経済的に苦労してきたんです。父が次々と事業を立ち上げるため、高校の頃はずっと破産一歩手前という状況でした。おかげで両親は切り詰めて、とにかくにも節約していました。両親が苦労する姿が忘れられなくて、お金のことが心配になるんです」

「もしかすると、あなたのご両親の経済的なストレスが、仕事に対するあなたの考え方に悪影響を及ぼしているんじゃないかな」

「私の考え方は父よりも母に近いと思います。父はいつも何かに没頭していて、幼い私にも厳格でした。それで私は一生懸命勉強して父を喜ばせようとしたんです」

彼女は、自分の考え方は今も父親の影響を強く受けていると言いました。

「父は今もよく、私に仕事を続けるべきだと言います。おまけに、私が環境保護活動に力を入れることをわかってくれないんです。父は私が水銀中毒を患ったことを憶えているものの、なぜあの体験が私の職業選択に影響を与えるのかわからないんです」

このことを考えるうちに、彼女は問題点を突き止めました。彼女は収入が下がることではなく、父親の期待を裏切ることを恐れていたのです。

言い換えると、彼女の頭のなかでは「父の期待には到底応えられない。実際、父にはもうあきらめられてるかも……」という声が聞こえていたのです。

彼女の能力は申し分ありませんし、やりたいこともはっきりしていました。おまけに彼女が応募できそうな、環境保護分野の求人もあります。実のところ、彼女の営業手腕とマーケティングスキルがあれば、たくさんの企業や非営利団体から引く手あまたです。

また、収入が減ることも倹約することも気にしていませんでした。彼女が恐れていたのは父親の期待を裏切ることでした。父親のエピソード、彼女の体験、父に認めてもらえないという思いが、重い足かせとなっていたのです。

彼女は自分のこうした側面を意識するようになりましたが、相変わらず頭のなかの声が気になり、またその声を追い出すこともできませんでした。とはいえある決断をするときに、その理由に気づきました。そして意識を高めたことがきっかけで、リスクを冒して転職しようと決意したのです。

彼女は今、環境関連の非営利団体で活躍しています。前職の頃よりもリーダーシップを発揮し、その分野で名だたる存在になりつつあります。

夢を追い求める彼女は、仕事が楽しくて仕方がないようです。おまけに、いざ転職してみると、彼女の父親は予想したよりも協力的で支持してくれました。父親は彼女の仕事を誇りに思い、幸せそうな彼女を見て満足しているようです。

私たちはまわりの反対を恐れて、自分の望みをあきらめがちです。しかもそのような反対はしばしば、善意にあふれた友人や、家族や恋人から発せられます。彼らはあなたに幸せになってもらいたいがゆえに、あなたが不幸な道を選択しないよう注意しているのです。

しかしあなたを大事に思う人は、あなたが幸せであればそれを察知し、あなたの幸せにつながりそうな決断には賛成してくれるでしょう。ほとんどの人は、何度もまわりを喜ばせようと試行錯誤した後にようやくそのことに気づきます。

## あなたの場合はどうですか

あなたの頭のなかではどんな声が聞こえてきますか？　それをノートに書き取れますか？　その声はあなたの行動にどんな影響を与えていますか？　その声はあなたを助けてくれますか？　それとも足を引っ張りますか？

ここでの主なテーマは意識を高めることです。誰にでも敗者の口調はあります——あなたも、私も、誰にでも。

私たちがすべきことは敗者の口調を追い出すことでも、それを別の声に変えることでもありません。こうした声が、私たちの行動にどう影響するかを理解することです。

特に重要なのは、その声がどうやって、そしてなぜあなたを引き止めるのかを理解することです。それは理にかなっていますか？　それとも過去の不毛な古傷が、あなたを邪魔しているだけでしょうか？

ぜひ自分でも分析してみてください。気恥ずかしいと思うかもしれませんが、それが現実です。自分の潜在能力を発揮することは、現実と向き合うことに他ならないのです。

## 不当な目に遭った体験を思い出す

自分の人生を読み解く方法は、他にもあります。私のお気に入りの方法の一つに、不当な目に遭った経験を思い出してもらう、というものがあります。

たとえば、昇進を見送られた、就職の面接で落とされた、働きに見合った報酬がもらえなかった、解雇された、誤解された、不当に評価された、納得のいかない形でスピード違反の切符を切られた、といった体験です。

私はいつも大学院生や企業幹部を対象にこの演習を行います。まずは、参加者に不当な目に遭った経験を思い出してもらいます。状況を具体的に思い浮かべて、事実をノートに書くよう指示します。何が起きたか？　どんな状況だったか？　何をしたか？　何を感じたか？

ほとんどの人は、そのような状況をすぐには思い出せません。そのため私は数分ぐらい延長します。すると徐々に彼らは、何かを思い出して書きはじめるのです。

大抵の場合、私が参加者に「そろそろ切り上げてください」と言うと、「もう少し時間をください」と言う人が数人はいます。しかも、怒ったように言う人もいます。どうしてそんな態度を取るのかと尋ねると、彼らは決まり悪そうな表情を浮かべます。

彼らが言うには、最初は何も思いつかなかったが、ようやく思い出した。ところがその出来事を書いているうちに、だんだん腹が立ってきた、と。そしてはっきりこう言うのです。「何でもっと早く思い出せなかったんだろう。こんなに腹が立つ思い出なのに」

私はこのようなケースを幾度となく目撃しました。

一般的に不当な思い出は、記憶のなかに埋もれてしまいがちです。そして一度掘り起こしてみると、その記憶がずっと心のなかに残っていたことや、私たちの思考や行動に大きな影響を与えていることに気づくのです。

## 不当な体験から学ぶ

では、あなたがこれまでに体験した不当な出来事を思い出してみましょう。

その出来事が起きたときに、それをどうとらえましたか（どんな心の声で考えましたか）、今ならそれをどうとらえますか？　その出来事が今のあなたの行動にどう影響していると思いますか？　それから、その出来事を信頼できる友人や同僚に話してもいいでしょう。

ほとんどの人は、不当な出来事に見舞われると、最初はそれをある方向に解釈しますが、後でその解釈を変える傾向があります。

たとえば今は企業で重役の地位にいる人が、一〇年か一五年前に解雇されたことがあったとします。当時の彼は、傷ついて腹を立てていました。不合格の烙印を押された、自分は出来そこないだと落ち込んだかもしれません。

しかし今は、その出来事をまったく別に解釈するでしょう。「解雇されたことは人生で一番いい出来事だった」と言って、その体験から学んだ貴重な知恵を一つ、二つ教えてくれるかもしれません。時間と距離を置き、成熟したおかげで、そのトラウマ体験に対する考え方が変わったのです。

もちろん、人生の教訓はいつも美化されるわけではありません。不当な扱いは当事者の心に深く刻まれ、今もネガティブな影響を与えているかもしれません——たとえ当の本人がそのことを意識していなくても。

## 納得いかない体験をした、あるTVプロデューサーの話

米南東部のテレビ局に勤める、二九歳のアシスタントプロデューサーの話を紹介しましょう。この男性は、仕事のことで腹を立てイライラしていました。テレビ局でプロデューサーに昇進できなかったのです。

彼はその地域でプロデューサーの仕事を探しましたが、チャンスをくれる人は見つかりませんでした。自分の代わりにプロデューサーの地位を射止めた人のことを、「頭もスキルも自分

より劣っているのに」などと言う有り様でした。

「結局すべては駆け引きなんですよ。仕事を手に入れる人はコネがある奴ばかり。チームプレーヤーになろうとか、仲間をサポートしようとか、聞こえはいいけど、それでは出世できないんです」

この体験を、男性はこのように解釈したのです。

しかし他にも、「もっとスキルを身につけよう」とか「選ばれたのは僕よりも優秀な人なのだろう」と考えることもできたし、「どうして僕は選ばれなかったんだろう?」と疑問に思い、上司や先輩に自分の至らない点を尋ね、それを補おうと努力することもできたのです。

どうすれば自分を向上させられるのか、それを考えることは面倒な道を進むことでもあります。彼は、その道ではなく、不平等を愚痴るという楽な道を取っていたことに気づきました。

そこで、しばらく自分と向き合った後、勇気を出して上司と時間をかけて話し合うことにしました。二人で反省会を行ったのです。

改善すべきスキルを二つ三つ確認し、そうした弱点を補うための計画を練りました。その一八か月後にプロデューサーの仕事に空きができたのですが、今度こそ彼がそのポジションに選ばれました。

不当な扱いを受けると、それはあなたの人生経験に組み込まれ、頭のなかの声に影響を与えます。不当な扱いを受けた体験がトラウマとなっている人は、時間をかけてその体験を見つめ直しましょう。起きたことを反芻《はんすう》し、現場を目撃した人にアドバイスをもらい、あなたに責任がないかを見極める必要があります。

不当に扱われても死ぬようなことはありませんし、そういう体験は避けられるものでもありません。しかし、二度と同じ目に遭わないよう、教訓を得る必要があります。間違った教訓を学ぶ人や、何も学ばない人は、同じような体験を繰り返す恐れがあるからです。

## 不当な扱いをきちんと消化しない場合

私の知り合いのなかには、あまりに不合理な目に遭ったために、被害者意識にとらわれる人が大勢います。

被害者意識に陥った人は、時間をかけてその体験を振り返ることも、誰かに相談することも、貴重な教訓を学ぶことも、考え方を見直すこともありません。その結果、いざこざに巻き込まれやすくなったり、ひどく用心深くなったりします。

もっと悪いケースでは、間違った教訓を学んで、自分の可能性を閉ざしてしまう人もいます。たとえば、自分を守るには、許可されたことだけをやればいいと考える人がいます。しかしそれでは勇気のある行動を取ることも、リーダーシップを発揮することもできず、キャリアで不利になるかもしれません。

このような思考様式《マインドセット》では、自滅的で危険な悪循環に陥りかねません。正しい行為は報われるという信念も揺らいでしまいます。

その結果、再び不当な目に遭うのを恐れて、キャリアアップにつながるような行動が取れなくなります。このような態度では、物事はうまくいきませんし、無意識のうちに自分の予測を自ら現実化するような行動を取ってしまうでしょう（「自己充足的予言」と言います）。怒りやすくなり、イライラし、自分は不利だと思い込むようにもなります。

時間をかけて不当な体験を消化しましょう。あなたが受けた不当な扱いについてじっくり考え、それが今の行動にどう影響しているのか考えるのです。そうすることが、あなたの成長や成熟にとって重要な意味をもつからです。

その体験が最近のことなら、あなたに負担がかからない方法でその出来事を反芻しましょう。とはいえ十分に思考を巡らせて、その体験から重要な教訓を導き出すようにしてください。そして学んだことを友人や家族や恋人と話し合いましょう。

誰もがみな一度は、不当な目に遭ったことがあるものです。そのことで自分を責めないでください。心を落ちつけて、その体験から何かを学んでください。

## ベストな自分を思い出す

第3章でもお話ししましたが、自分の人生を理解するには、あなたがもっとも輝いていたときのことを思い出すことが重要です。

おもしろいことに、多くの人はなかなか思い出せません。日々のプレッシャーや仕事の責務に追われるあまり、自分がダントツに輝いていたときのことを忘れてしまうのです。

そのような出来事をぜひとも思い出してください。この体験から得られる洞察は、あなたが今どう行動すべきかを考えるうえで役立つかもしれません。

## 仕事にうんざりした、あるシェフの話

ハーバードの「オーナー社長」コースを受講する、あるレストラン経営者と話す機会がありました。シェフでもあるこの男性は、米西海岸に中価格帯のイタリアン・レストランを開き、今では三店舗を展開しています。

管理職向けの教育プログラムを受講している多くの人と同じように、彼もまたリーダーシップと経営能力の向上をはかると共に、時間を有効活用して人生や仕事の転換をはかるべきか否かを検討していました。

ところが彼は開口一番、レストランの経営にうんざりしてきたと私に語ったのです。

私は理由を尋ねました。

「小企業のオーナーをやるのは昔よりも大変なんですよ。保険料と医療費が値上がりしてますしね。会社が大きくなると同時に、経営上の問題が増え、管理も難しくなってきました。会社を存続させるだけで精一杯ですし、押しつぶされそうに感じることもあります」

彼の父親と祖父は共に企業の幹部を務めました。二人共、彼が料理学校に進んでシェフになり、レストランを開くことを手放しでは喜びませんでした。彼は、その一家の三代目として同

じ町に住み続けることは容易ではないと感じていました。

彼は父親も祖父も好きでしたが（二人とも今も健在です）、二人はいろんな形で彼にプレッシャーをかけ、彼はその期待に応えられないだろうと感じていたのです。

父親は物事をコントロールしたがる性格でした。

「父は、自分は何でも知っている、最終的な決定権は自分にあると思い込んでいました」

このような態度は、部下には通用したかもしれませんが、息子である彼には受け入れられませんでした。

そこで私は、彼に今の状況を一旦忘れてもらい、自分はすごい、自分には才能があると思ったときのことを思い出してほしいと言いました。

「ちょっと考えさせてください。ああ、思い出した。一〇年ほど前に一号店を経営していたときに、そんな風に感じたことがあります。店は今よりも小さくて、毎日が楽しかった。新メニューを作ったり、お客さんをもてなしたり。レストランの雰囲気も気に入っていて。そういう仕事が私には合っていましたし、お客さんと話すのも大好きでした。新しい料理を考えるのも、お客さんも喜んでくれていたと思います。この仕事ができて本当に幸運だと思いました」

そう言う男性の顔は晴れやかでした。

「では、レストランの経営にうんざりしたのはどうしてですか？　どうして今のような状況に陥ったんですか？」

すると男性は笑い出しました。レストランを三軒もって、大勢の従業員を雇うことは「すごいことだと思ったんです。大物になったような気がしました」。

そしてしばらくの間、口をつぐんでいました。

「まったくもう……。店舗を増やしたのは、父親を唸らせたかったからです。それとおそらく地元の人たちも。それを認めなくてはね。重圧から逃れる方法を探してたんです。自分の力を証明しようとムキになって、疲れていたんです。皮肉なことに、レストランを三軒経営しても何も証明できませんでした。悩みの種が増えただけだったんです！」

こうして話し合った結果、彼は、仕事をするときの喜びを取り戻さなければと感じるようになりました。つまり、もっと時間をかけてメニューを考え、来店した客と会話し、ときにはレストランの雰囲気を楽しむ時間も取るのです。

それは同時に、新店舗向けの不動産を探したり、新しい店舗の計画を立てたり、経営拡大をはかったりするのを見合わせることでもありました。

幸運にも、彼の会社の幹部たちは、彼の意見を尊重し、同じ目的を共有してくれました。彼ら自身も、おいしい料理を提供して顧客を満足させたい、量よりも質にこだわりたいと感じていたのです。

最終的にこのレストラン経営者は、時間配分を見直し、前よりも自分の好きな作業に取り組めるようになりました。自分に向かない作業を他の人に任せることも学びました。

九か月後、彼から連絡が来て、仕事がぐんと楽しくなったと報告してくれました。特に、自分の業務内容を見直して、人を喜ばせようとして無理してやっていた負担を減らせたことに満足していました。

この男性が前進できたのは、自分の人生を振り返り、過去の経験がわだかまりとなって意思決定に悪影響を及ぼしていることに気づいたからです。彼はまた、良いパフォーマンスをした出来事を頻繁に思い出しては、自分に自信をつける取り組みも行っています。

あなたも、人生を理解する取り組みの一環として、ぜひこの演習をやってみてください。すぐには思いつかないかもしれませんが、過去を振り返ることで今日は何ができるか、未来で本領を発揮するにはどうすればいいかが見えてくるかもしれません。

## 自己認識と「ねばならない」という意識

本章の目的は、あなたに自分と自分の行動パターンをもっと理解していただくことです。人生を徹底的に振り返ることで、自分の行動が見えてくるでしょう。

先に述べたように、あなたの人生はさまざまなことが折り重なってできています。あなたの体験は今後もあなたの人生を構築し、頭のなかの声を変えていくのです。

繰り返しますが、本章の演習をぜひやってみてください。さらに、自分が取る行動の意味を問うよう、心がけてください。

### ●あなたが自分を不幸にする行動、無意味な行動、後悔するような行動を取るのは、な﹅ぜ﹅で

すか？　あなたの人生経験、出来事、心の声のなかに、あなたの行動を読み解くヒントはありますか？

●絶対にこうすべきだと思った通りに行動できない人は、なぜできないのか、その理由を突き止めることに集中しましょう。これまでの人生の出来事のなかで、思い当たるふしはありますか？

共通するキーワードは「なぜ」です。夢をかなえるには、あるいは潜在能力を開花させるにはどうしたらいいのか？　その問いに対する正しい答えはありません。

重要なのは、あなたが特定の行動を取る理由を理解し、それを読み解くことです。このプロセスを何度も行えば、そのうちに自分への理解も深まるでしょう。

## 自己認識の役割

何をすべきかわかっているのに、それができない――しかも、できない理由もわからない。多くの場合、妨害しているものは理性ではわからない何か、もっと深い何かです。

思うような行動が取れない人は、あなたを阻む心のなかの障害を認識しなければなりません。それは、幹線道路のど真ん中にそそり立つレンガ壁のように手強《てごわ》い障害かもしれません。もうこれ以上前進できないと思うかもしれません。立ちすくんでしまうかもしれません。

そんなときは、本章のアドバイスに集中して、自分を理解することに力を注ぎましょう。決して簡単な作業ではありませんが、最後にはやっただけの見返りがあるはずです。

本章を含め、これまで紹介した演習は、あなたの潜在能力を引き出すための基礎作りです。第5～8章では、この基礎を足場にして、夢を実現するための戦略を学び、仕事のパフォーマンスをアップさせ、潜在能力の発揮に向けてさらなる前進をはかります。

**やってみよう**

友人を数人選び、人生体験について話し合いましょう。それぞれが自分史を簡単に書きまとめたものを持参して、セッションを行うこと。

その後、議論を通して気づいたことを反芻します。

あなたが書いた「勝者の口調」の話と「敗者の口調」の話を見てください。

あなたの心のなかにその口調をもたらしたのは、過去のどの体験だと思いますか？

重大な決断を下すときに、その声に影響されたことがありますか？
どうしてそうなったのですか？

あなたの未来の話を書いてください。
一〇年後か二〇年後のあなたが、
自分の人生はこんな風だったと語りたい話を書きましょう。
仕事、人生、その他の重要な出来事について詳しく書いてください。
この演習から、何を学びましたか？

第５章

# チャンスを活かす方法

## 仕事力とキャリアマネージメント

あなたのスキルと情熱を満たしてくれる
理想の仕事は何だと思いますか?

その夢を実現するための計画はありますか?

上司や先輩は、あなたが何に興味があり、
何をやりたいかを知っていますか?

現在の仕事のなかでもっとも重要な３つのタスクに、
十分な時間と労力を注いでいますか?

あなたのキャリアは持久走型ですか、
それとも全力疾走型ですか?

これまでにさまざまなテーマを扱ってきました。

自分の長所と短所を評価するプロセスを取り入れること、自己認識を高めて、楽しいときに楽しいと気づけるようになること、自分への理解を深めるために努力すること。

これらを実践したら、今度はもっと実用的なことを考える段階です。

これまでに気づいたことを応用して、仕事のパフォーマンスを上げ、キャリアアップをはかるにはどうすればいいでしょうか?

潜在能力を発揮することは、スイッチが入ることとも、ひらめくこととも違います。むしろ、内省し、地道に学び、学んだことを行動に移すというプロセスを一貫して行わねばなりません。このプロセスを繰り返すことで、あなたは本領を発揮できるようになり、チャンスを最大限に活かせるようになるのです。

## 理想の仕事について考えていますか

私の知り合いはほぼ全員、たとえ意識したことがなくても、心のなかに理想の仕事をもっています。理想の仕事は、その人の現在の仕事からかけ離れている場合がほとんどです。

理想の仕事に就くには、あと何年か経験を積み、スキルを磨かなければならないかもしれません。それでも当人は、たとえ簡単には手が届かなくても、自分の能力と情熱にかなう仕事はこれしかないと確信しています。

公園でのんびり過ごしているとき、休暇を過ごしているとき、または夜中にベッドに横になっているときに、将来はこんなことがしたいと思い浮かべる仕事はありますか?

あなたの理想の仕事について紙に詳しく書いてみましょう。

独立する、会社を立ち上げる、CEOになるなど、具体的な立場を書いても構いません。あるいは、やりたい仕事の内容を挙げることもできます。あなたの信念に関わる仕事でもいいでしょう。あなたがやりたいと思う仕事で、なおかつ能力を生かせる仕事が理想です。

夢を紙に書くことは、重要な第一歩です。書くことで、理想の仕事に関わる重要なことが浮き彫りになるからです。

あなたにも、うっかり見過ごしてしまったチャンスや、グズグズして逃してしまったチャンスがあるでしょう。しかし、紙に書くというプロセスを踏むことで、こうした好機に気づいて反応しやすくなるのです。

## 非現実的なキャリアをめざした、ある男性の話

私の友人に、環境問題に携わりたいが会社も経営したいという、両立しにくい二つの野望を抱く男性がいました。

当時金融業界で働いていた彼にとっては、環境保護活動家になる夢よりも、会社を経営するという夢の方が現実的でした。では、金融の仕事をする彼が、環境問題に関わる仕事にシフト

するにはどうしたらいいのでしょうか？

友人は何度か目上の人たちに、環境問題に関心があることを話しました。そのおかげで、社内で環境保護事業を立ち上げるという企画がもち上がったとき、彼の上司は彼に指揮を執らないかと尋ねてきました。

この新しい仕事を引き受ければ、会社の連絡窓口として天然資源関連の企業やエネルギー関連企業と話し合い、環境を保全しながら事業を行う方法を模索できます。しかも、今の仕事を維持したままで。

会社がこのサービスを提供するのは、もうかるからではなく、独占販売権を揺るぎないものにすると共に、間接的なビジネスチャンスの増加を見込んだからでした。

友人はこの予想外のオファーを承諾しました。金融機関での仕事を続けながら、環境問題の知識を深められると考えたからです。

数年後、ある大手の環境保護関連の非営利団体が、新しいＣＥＯを募集しているから面接に来てほしいと、突然彼に連絡してきました。会社での活動とリーダーシップが評価され、彼の名が候補に挙がったのです。

彼はチャンスとばかりに面接を受けて採用されました。非営利団体のミッションに対する熱意だけでなく、そのスキルと専門知識のおかげで、ＣＥＯのポジションを獲得できたのです。

不可能と思われたにもかかわらず、彼は今では二つの夢を叶える仕事をしています。どうやって実現したのでしょうか？

そこに至るまでの道のりは平坦ではありませんでした。にもかかわらずこの目標にたどりつけたのは、彼が理想の仕事についてよく考え、好機にすぐに反応したからです。

まだ手をこまねいている人は、試しに理想の仕事について書いてみましょう。そしてそれを思い描くのです。

しばらくの間、頭のなかの批判的で分析的な視点は休ませておきましょう。あなたの現在地から理想の地点までたどり着く方法を考えてはいけません。

この演習は、あなたの自己認識を高めるための第一段階です。夢をかなえるために不可欠なプロセスですから、必ずやってみてください。

## 理想の仕事を人に話すことの大切さ

あなたにとっての理想の仕事がわかったら、今の会社にその仕事がないか探してみましょう。仮にその仕事があった場合、その夢を手に入れるために行動できますか?――あるいは、少なくともその夢に一歩でも近づけますか?

「上司や先輩は私のことをよく知っているから、私のスキルならあの仕事にうってつけだとわかってくれている」と思い込んでいませんか?

しかし残念ながら、上司や先輩は超能力者ではありません。あなたの心を読むことはできないのです。おまけに考えなければならないことが他にもたくさんあります。

上司たちは、何がやりたいかを訴えることや、夢をかなえるためにどんな職務経験を積んでおくべきかを考えることは、あなた自身がすべきことだと考えています。

多くのプロフェッショナルは、社内の上司や先輩社員にやりたい仕事について話したがりません。あなたもそうですか？　それはなぜですか？

上司が、あなたの理想の仕事が自分の専門外だと知ったら気分を害しそうだから？　他の仕事をやりたいと言ったら、裏切り者だと思われそうだから？　野心は隠しておいた方がいいと思うから？

管理職の人たちはとても優秀で、適材適所を心がけてくれると思うから？　上司があなたの理想の仕事があなたに向いていると思えば、あなたを抜擢してくれるに違いないから？

あるいは自分の要求や願望を言いにくいから？　わがままで利己的な行為に思えるから？　それとも会社の人たちに笑われるか、バカげた野望を抱いていると思われそうだから？

誰にも打ち明けない理由をいくつか挙げましたが、あなたにあてはまるものがありますか？

## 南米でのキャリアを夢見た、ある女性の話

ある優秀な企業役員の話を紹介しましょう。ヨーロッパを拠点とする大手メーカーの本社に勤めるその女性は、ハーバード大学の管理職向けの教育プログラムに参加していて、ある日キャリア相談のために私の元へやってきました。

その女性は、今の仕事に対してやる気が起きないし、会社に腹を立てていると語りました。私は理由を尋ねました。

彼女によると、同僚がラテンアメリカにある事業部門を運営することになったというのです。しかし彼女は、その同僚よりも自分の方がずっとそのポジションにふさわしいと確信していました。しかも、同僚の就任の話を聞くまで、そのポジションに空きがあることを知らされていなかったのです。

「私も面接を受けたのに他の人が選ばれたのなら、仕方がないけど。そんな話があることを私に教えてくれないなんて！　私のことなんてどうでもいいのかしら？　会社のためにすごく貢献してきたのに！」

彼女は、研修が終わって会社に戻ったら退職しようと真剣に考えていました。上司にメールで辞職願を送ろうと、下書きまで書いていました。

私はその話を聞き、辞職願の下書きを読んだ後、彼女に落ち着くようにと言いました。そして、あの仕事を自分にオファーしてほしかったと上司に伝えたか尋ねました。

「いいえ。腹が立って仕方がなかったし、怒りがおさまってから上司に話そうと思ったので。でも、上司はこのことを知ってるはずです」

「どうしてそんな確信がもてるんです？」

彼女は少し考えた後、「具体的に何を話したかは思い出せませんが、上司は私が何をやりたいか知ってるはずです」と言いました。

「あなたの上司は、たぶんそんなこと夢にも思ったことがないでしょう。あなたはきちんと仕事をこなし、高い評価を受け、将来の展望も明るいようだ。となると、今の仕事を気に入っているに違いないと思える。私は部下とよく話す方だけど、私でも、あなたに別のポジションの話はしなかったと思う。おまけに、そのポジションがあなたにとって理想的なステップアップに思えないんだ。どうしてその仕事は自分にふさわしいと思うんですか？」

「母がラテンアメリカ出身で、向こうに親戚がたくさんいるんです。いつか会社のトップとしてラテンアメリカに行くことが私の夢なんです」

「そのことを上司は知ってるんですか？　あなたの家族の生い立ちやあなたの希望について、社内の誰かに話したことは？」

彼女は口をつぐんだ後、きまり悪そうな笑みを浮かべました。彼女は、上司に話したことがないことに気づいたのです。一部の同僚や後輩は知っていましたが、上司や先輩はおそらく彼女のルーツがラテンアメリカにあるとは知らなかったでしょう。

「そんなに重要なことを、どうして誰にも言わなかったんですか？」

「さあ、どうしてでしょう。ただ、上司や先輩にははっきりとは言いませんでしたが、私の生い立ちを知っている人もいると思ってました。それに、この一二年間うまくやってきたので、新しい仕事がやりたいと言って波風を立てたくなかったんです」

そこで二人とも爆笑してしまいました。

「さて、このことをはっきりさせよう。あなたは波風を立てたくなかったんですよね？　たとえば、突然辞めたりとかね？」

しばらく笑った後、私たちは彼女には自分の夢を伝える責任があるという点で合意しました。上司や先輩は何でも知っているわけではありません。彼女が何も伝えていないのに、彼らが知っていると思い込むのは、非現実的と言わねばなりません。

こうして現実的な観点から物事を見直した後、彼女は会社に戻り、上司や幹部社員と話し合うことにしました。そして、やりたいことを説明したのです。

上司らは彼女に共感し、その夢をかなえるためにサポートしようと申し出てくれたそうです。

そして約一五か月後、前よりも地位の高いラテンアメリカの仕事に空きができました。その仕事のオファーが彼女の元へ届き、彼女は即座に承諾しました。皮肉なことに、先にラテンアメリカの仕事を受けた同僚は、彼女の直属の部下になったそうです。こうして彼女は、上司や先輩に自分の思いを伝えなければならないという、貴重な教訓を学びました。

## 計算高い奴だと思われないだろうか

一方で、多くの人が上司や先輩とはコミュニケーションを取りにくいと言います。というのも、計算高い行為のように思えるからです。

同僚が上司にこびへつらい、先輩社員と親しくなろうとするのを見て、彼らはいらだちます。こんなことを言う若者もいました。

「ああいうごますりゲームは嫌です。僕は上司のご機嫌を伺うのではなく、実力で出世すると誓ったんです。だから黙って仕事に集中するのみです！」

「あなたが何に関心があって、どんな人間なのかを伝えることも、仕事の一部だよ」と私は言いました。

管理職の観点から言うと、部下が何に興味があって、何を考えているのかを知ることは重要なことです。管理職の人は、自分が知らないということすら気づかないものだからです。

私はいつも「きみたちについて私が知っておいた方がいいと思うことは、何でも教えてほしい」と部下たちに言っていました。定期的に彼らと話し、質問するようにしていましたが、それでもまだ知らないことがたくさんあると感じていました。

仕事で重要なことは波風を立てないことだ、仕事ぶりから察してもらえるはずだ、と考えている人はその前提を考え直した方がいいでしょう。

そのように思い込んでいる人は、仕事の定義がせまいのではないでしょうか。はっきりと主張したくないために、そう思い込もうとしているのではありませんか？

まずは、上司や先輩社員に何かを訴えることはとても気が重いことだと認めましょう。と同時に、コミュニケーションもいくらか必要だと認めるのです。

上司と飲みに行けとは言いませんが、時間を調整して（または上司が調整してくれた時間を使って）、あなたがどんな活動をして、どんな人間で、何を望んでいるのかを説明しましょう。それはあなたが果たすべき責任です。

## 三つの最重要タスク

第2章でも述べましたが、優秀なのに仕事で求められていることをきちんと把握していない人をよく見かけます。

スキルもやる気もあるのに、能力を十分に発揮できない人には共通の理由が見られます。それは、自分に合った仕事に就いているのに、そのチャンスを活かすにはどうすべきか、きちんと分析していないことです。

このような人は次々と転職を繰り返すものの、どの仕事でも能力を発揮できません。そして、その理由がわからないのです。

あなたは仕事で成功するために、絶対に人並み以上にできなければならない最重要タスクを三つ、紙に書けますか?

私がこう言うと、ほとんどの人はすぐにペンを取ります。しかしその回答を見ると、彼らが質問をよく考えていないことがわかります。

このような業務分析が必要だということ、特に新しい仕事に就いたときには不可欠だということを認識していない人が大勢いるのです。社内で昇進した場合であっても、分析が重要だということに変わりありません。

## プロダクト・マネージャーに昇進した、ある男性の話

先日私は、国際的な大手消費財メーカーで働く男性と話をしました。彼は以前はアシスタント・プロダクト・マネージャーでしたが、つい最近、新製品のプロダクト・マネージャーに昇進したのです。

長い間アシスタントとして高く評価されていたこともあり、彼はその昇進を大きな飛躍だとは考えていませんでした。私は彼に、調子はどうかと尋ねました。

「あんまり良くないです」と彼が答えました。前よりも評価が下がったというのです。

「上司から、きみの長所と短所は何だと言われた?」

「ええと、技術的なスキルは今も高い評価をもらっています。でも、上司は私の判断にダメ出しするようになりました」

具体的に言うと、彼は戦略的な判断を何度か見誤り、彼が決定した製品の管理方法もうまくいきませんでした。

今度は、仕事をそつなくこなすためにカギとなるタスクを三つ挙げてもらうことにしました。彼は、アシスタントの頃に必要だったタスクのうちで重要なものを三つ思い出し、それを答えとして挙げました。

「今のポジションでも、同じタスクが必要なのかい?」

「ええ。プロダクト・マネージャーという仕事には変わりありませんから」

「きみの仕事を詳しくは知らないが、その答えに確信がもてるのかい?」

私は食い下がりました。

「たとえば、商品が変われば消費者の傾向も変わってくるだろう。となると、商品をヒットさせるための要素も変わるんじゃないのか? おまけにきみは、前はチームのメンバーだったけど、今はチームを管理する立場だ。前の上司がチームを指揮するためにやっていた重要なタスクを見落としていないだろうか? そのタスクを見つけられるかい?」

最後に私は、彼の判断力と戦略的手法が批判されたのはなぜか、その理由をきちんと検証することを勧めました。さて、彼には上司の意図がわかるでしょうか?

会社へ戻った彼は、数週間かけて人々と話し合い、今のポジションでうまくやるために必要な要素が何かを模索しました。

彼は仕事で何を求められているのかをわかっているつもりでしたが、それをきちんと定義していないことに気づきました。今の分野では商品のイノベーションを管理するのはとても難しいこともわかりました。

研究開発に注力し、商品の検査やフォーカスグループなども、もっと積極的に活用する必要がありました。というのも、競争の激しさは前の商品の比ではなかったからです。

他にも、社員の募集、研修、そしてコーチングの重要性も高いことがわかりました。前の上司はこれらに多くの時間を割いていました。しかし彼は、そうとも知らずにこれらのタスクを適当にこなしていたのです。

結果的にチームは弱体化してしまいました。彼はようやく、仲間同士が協力して働く強いチームワークがなければ、この仕事で成功するのは難しいことに気づきました。

最後に、彼は判断ミスについて指摘されましたが、それは主に管理方針に関わる判断のことだとわかりました。上司たちは、彼が重要な問題に時間をかけて取り組んでおらず、問題が起きてから対処するばかりで、積極的に防ごうとしないと思っていました。

上司たちは基本的に、彼が仕事の三つの最重要タスクをきちんとやらなかったことを問題視していたのでした。

幸いにも、彼はこうした批判を真摯に受け止め、二年目からは見違えるほど仕事ができるようになりました。最重要タスクに注力するだけで、業績がガラリと変わることを、彼は身をもって学んだのです。

彼はプロダクト・マネージャーという新しい仕事を気に入っていますし、スキルも合っています。しかし、成功するにはやる気とスキルだけでは不十分だということを学びました。頭角を現わすには、成功に欠かせないタスクが何であるかを分析する必要があったのです。

このプロセスを実践した結果、彼は今まで以上に業績を上げることができました。

## 仕事で求められる役割が変わっていませんか

仮にあなたがこの分析を行って、仕事のパフォーマンスが徐々に上がってきているとします。物事はうまくいっていて、人生も問題ないとします。

しかし、何かが起きたとしましょう。世界情勢が変わった、業界が変わった、社風が変わった、あるいは関連する事業部門に問題が起きた、など。

重要な社員が数人辞めてしまったとか、あなた自身が変わる可能性もあります。会社の規模が大きくなり、適応するのが難しくなる場合もあります。

善かれ悪しかれ、物事は変わります。そして物事が変われば、それに適応しなければなりません。問題は、物事が何年もの時間をかけて少しずつ変化し、臨界点に達することです。

変化に気づかないと、突然物事が劇的に変わったように見えるでしょう。ある日目が覚めると、物事がうまくいかなくなっていて愕然とするかもしれません。なぜ変化はこんなに急に起きるのでしょう？　何が間違っていたのでしょうか？

## 時代に取り残された、ある営業マンの話

あるテクノロジー企業の営業マンの話を紹介しましょう。この男性は重要な顧客を担当し、長い間、高い実績を維持してきました。

彼が勤める会社は、創業と同時にある画期的な製品を販売しました。そして長年にわたって、その商品の機能を何度も拡張することで、成長してきました。

会社は長い間収益を確保して成長を続け、成功をおさめていましたが、競合他社が画期的な製品を発売したため、この分野における独占的な地位が脅かされるようになりました。

さらに、この種のテクノロジー製品の使い方が近年変わりつつありました。使い方が変わったのは、製品のイノベーションはもちろん、インターネット、モバイル・コンピューティング、プラットフォーム技術の発達によるものでした。

このような状況のなか、その営業マンは上司から「会社の方針で、きみの主要顧客の何人かを別の営業マンに割り当てることになったよ」と言われたのです。

「どうしてですか?」彼には納得がいきませんでした。何といっても、顧客と良好な関係を築いていたからです。

上司は、営業職に求められる仕事内容が変わったのだと言いました。顧客の問題を解決することや、社内の技術職と連携して顧客のニーズに対応することが新たに求められるようになったというのです。

皮肉にも、彼はこうした難題をうまくこなすだけの能力がありました。工学系の学位をもち、商品やシステムにも精通していたからです。

営業の仕事が減ったのは、彼が業界や科学技術の分野で起きていた変化や、顧客の変化に適応しようとしなかったからでした。上司は彼の実績しか評価せず、彼の能力と成長には期待できないとの結論を下したのです。

どうしてこんなことになったのでしょうか?

現実をありのままに言うと、彼はこれまでのやり方に慣れて緊張感を失い、積極的に学ぶことも、営業職に今どんなタスクが求められているのか分析を行うこともしませんでした。必要であれば会社からスキルアップを求められるだろうと思い込み、自分からやろうとは考えなかったのです。

その結果、最重要タスクを怠り、それがそのまま業績に反映されたのでした。

彼は業務分析ができないわけではありません。就職したばかりの頃は、仕事に求められることを綿密に分析し、それに合わせてスキルを磨きました。しかし残念ながら、状況が変わったのに、彼は新たな分析を行わず、会社の研修をサボるようになりました。

彼は当時を振り返り、「うまくいってたのになぁ」と言いました。

「お客さんには気に入られてました。会社にも。僕はちょっとした変わり者で、研修に参加する必要がない一匹狼であることに、一種のプライドをもっていました。仮に参加してもろくに聞かないか、学んだことを実行に移そうとしませんでした。花形セールスマンの僕には必要ないと思ってたんです」

今や彼は重大な選択を迫られていました。顧客の半数を失うか。それとも、再び営業職の仕事に集中して、何が求められているのかを勉強し、スキルを磨き、その要求に応えるために努力するか。

会社も仕事も気に入っていました。営業の仕事は自分のスキルに合っているという確信もありました。仕事を辞めたくなかった彼は、実績を上げるのに必要な三つの最重要タスクを見直すことにしました。

それから、社内の研修プログラムを利用して、スキルの向上をはかりました。すると、何かを学ぶことや、最新のスキルを身につけることは楽しいことだと気づきました。日々の仕事の際にも、最重要タスクに確実に時間をかけるようになりました。

一年後に彼から連絡があり、失った顧客の一部を取り戻したと報告してくれました。彼の上司は、注意された後の彼の対応に好印象を抱いたに違いありません。彼自身はというと、つまずくまで、営業職で求められる役割を見直して行動を改善しなかったことを後悔しました。そして、もう二度と同じ過ちを繰り返さないと誓いました。

幸いにも、彼は再びキャリアの軌道に乗り、潜在能力を発揮させようとしています。

## 紙に書く演習

仮にあなたが、今、自分に合った仕事に就いているとしましょう。その仕事の最重要タスクが時代の流れと共に変化しても対応できるよう、あるプロセスを紹介します。

**●白い紙を使って、今の仕事に関する演習を行います。就職したばかりの人は、申し分のない実績を上げるのに絶対不可欠なタスクを三つ考えてみてください。必要なら、同僚や顧客に尋ねてみましょう。**

●あなたの現在のスキルが三つの最重要タスクの要件を満たしているか、評価してください。研修を受ける、またはもっとスキルを磨く必要はありますか？　スキルを磨くための計画を練り、それを実行しましょう。
●時間配分に気をつけて、最重要タスクには十分時間をかけてください。二週間、あなたの時間の使い方を記録し、三つの最重要タスクにそれなりの時間をかけているか吟味します。それから、時間配分が適切または不適切だと判断した理由を考えます。勤務時間のうち、少なくとも七〇％はこれらの重要なタスクに集中できるよう、計画を練りましょう。時間配分を適切に行うには、優先度の低いタスクを他の人に任せるか、頼まれ事に「ノー」と言えるよう、断る方法を学びましょう。三つのタスクを紙に書いて壁に貼り、他のことに時間を取られそうなときにそのリストを見ましょう。

これらはごく基本的な手順ですが、ほとんどの人（私を含めて）が怠りがちです。このような業務分析を定期的に行うように心がけてください。

## あなたの進路を阻めるのはあなただけ

キャリアとは持久走であって、全力疾走ではありません。

スキルを磨き、夢を追い、仕事のために努力するのはいいことですが、それがすべてではありません。私たちは仕事の経験を通して、時には失敗することから学び、失敗してもやり直せるよう準備できるようになり、その出来事を反省しつつ前に進む姿勢を身につけます。

企業で働く人も、自分の会社を経営する人も、向上心をもち続けて、スキルを磨き、集中して仕事に取り組むには、精神的にも肉体的にもかなりのエネルギーを使います。

どんなに自分に合った仕事をしていようと、あなたをイライラさせるもの、あなたのやる気を失わせるもの、あなたを疲れさせるものが必ずつきまとうでしょう。

あなたをいらつかせるものはたくさんあります。たとえば、上司が無能なとき、昇進できなかったとき、予想よりも報酬が少なかったとき、一年間不運が続いたとき、同僚／部下／顧客が好きになれないときなど。

くたくたに疲れているときや、家庭に問題があるとき、子どもが病気のときもあるでしょう。社風が変わった、会社の収益体制が変わった、規制がビジネスに悪影響を及ぼしている、厳しい不況に見舞われた、などもあります。

こうした問題は起こるものです。しかし実際に起きると、あなたの長所や精神力が削がれることがあります。悪いときには、仕事を楽しいと感じられなくなることもあります。そんなときはどうしますか？

チャンスを最大限に活かすには、バランスを保ち、内省し、やる気を取り戻して前進する力が欠かせません。

不運な出来事、不当な扱い、他人の言動に足をすくわれることもあります。このような障害や問題を乗り越えるには、「私の進路を阻めるのは私だけだ」という思考様式《マインドセット》を身につけましょう。

あなたはこの航海の船長です。船長ともなれば、悩みや障害や逆境に対処する方針についてじっくり考えるものです。事前に考えておけば、いざ何かが起きても対処できるでしょう。

## 失敗に対処する方法を学ぶ

ある日、元同僚の男性から電話がかかってきました。昇進できなかった、との連絡でした。上司からは、今年は常務には昇格できないが、来年はきっと昇格できるだろうと言われたそうです。そして彼は、話の終わりに、この報告を受けたときに自分が取った態度も教えてくれました。

「上司に怒鳴って、オフィスを飛び出しちゃったんだよ。あまりに腹が立ってたからね。昇進したくて一生懸命働いたのに。上司は僕の昇進を推薦してくれたらしいんだけど、それでも怒りが収まらないよ。職場のみんなの前で恥をかかされたんだから。妻は、昇進祝いにちょっとしたカクテルパーティを開こうと計画してたんだけど、今は友人にキャンセルの連絡を入れなければならず、途方に暮れてるよ。まったくひどい話だ」

そこで私は質問しました。

「仕事は今も楽しいかい？　まだ会社を気に入ってるかい？　幹部たちを信頼してるかい？」

非常に腹を立てていたにもかかわらず、彼はすべての質問に「イエス」と答えました。

そこで私はすぐに上司に電話するようアドバイスしました。

「ついカッとなったことを謝ろう。できれば直接謝った方がいい。次に、明日会社に行ったら冷静を保つこと」それからこう付け加えました。「仕事に集中するんだ。最悪の気分でも全力を尽くしてプロらしく振る舞い、明るくしていよう。一年なんてあっという間だ。きみだってプロらしく対応できるところを見せたいだろう」

彼が私のアドバイスを聞いて悩んでいるのがわかりました。おまけに彼は、まだその日の出来事に腹を立てていました。

プロ意識の高い彼が、ほんの一瞬の過ちのせいで、これまでのすばらしい実績を傷つけてしまうことを、私は心配していました。昇進できなかったのは彼のせいではありませんが、その報告に対して怒鳴ったのは明らかに彼の責任です。

実を言うと、私は彼に同情していました。というのも、私も時々感情的に反応しては落ち込むからです。批判されると、つい身構えてしまうことが過去に何度もありました。

そんな反応をしたのは、私が疲れていて不安だったからか、相手が私に恥をかかせようとしたと思ったからか、あるいは単に打ちのめされたからかもしれません。いずれの場合でも、一〇数えて心を落ち着かせ、批判されたことをどうすべきかに集中して、平常心を保つべきだったのにと、後で反省したのでした。

失敗そのものよりも、失敗に対する反応で不利な状況を招いたケースを、これまでに何度も目にしました。

ひどい状況下で愛想よく振る舞える人は、良い印象を与えます。しかし怒りを爆発させると、人々の記憶には、感情をコントロールできない人だという印象しか残りませんし、また同じことが起きるのではないかと不安に思われます。

この男性は最終的に上司のところに謝りに行きました。それは容易なことではありませんでした。しかし上司は、戻ってきて礼儀正しく振る舞う彼の心の強さに感動しました。

彼は翌年昇進しました。社内では、彼が常務に昇進した年を憶えている人はいません。昇進を見送られたことすら憶えていない人もいます。彼の妻も忘れてしまっているそうです。

このエピソードの教訓は何でしょうか？　繰り返しますが、キャリアは長期戦であり、短期決戦ではありません。

恥をかくこともなく、不当な扱いを受けることも不運に見舞われることもなくキャリアを全うできると考えるなら、その考えは非現実的だと言わねばなりません。ここでの秘訣は失敗を回避することではありません。失敗に対処する方法を学ぶことです。

## 不当な扱いに対処する

不当な扱いにどう対処するかを学ぶには、過去の自分の対応を思い出すといいでしょう。

第4章で、不当な扱いを受けた体験を思い出す演習をしました。この演習を行うと、自分の行動の理由が透けて見えると共に、次に問題が生じたときのための洞察が得られます。

潜在能力を発揮することは、不当な体験を回避することではありません。残念ながらそれは不可能ですし、避けられないでしょう。むしろ、不当な体験に対処することが、潜在能力の発揮につながるのです。

あなたは人のせいにしますか？ 怒りを爆発させますか？ それとも怒りを抑え込みますか？ 過去の出来事を距離を置いて見つめ直し、反省しますか？ それともつらいからと言って、その記憶を心から閉め出しますか？ あなたは用心深くなりましたか？

不当な体験にどう対処するべきかという問題について、万人向けのシンプルな答えはありません。しかし、失敗に対応するためのちょっとした秘訣はあります。

●冷静さを保つ――いつか後悔しそうな軽はずみな行動を取らないこと。激しい感情に流されて、浅はかな行動を取ってはいけません。行動を取る前に、多少の時間はあるはず。理性と的確な判断力を取り戻してから行動しましょう。
●時間をかけてしっかり反省する――これはつまり、夜か週末、または長期休暇まで待ってから反省する、ということです。何が起きたのか、その全体像をとらえるようにしてください。とりわけ重要なのは、その出来事から何を学べるかです。違うやり方で対処できるなら、今後同じようなことが起きた場合にどう対処したいですか？
●必要であれば、第三者に相談する――つまり、誰か身近な人に相談して助けてもらうか、

**アドバイスをもらうか、意見をもらうのです（第7章を参照）。**

成功するためには情熱は欠かせません。しかし情熱が強過ぎると、困難に直面したときに激しく反応してしまうかもしれません。感情をコントロールし、思慮深く行動し、失敗から学べる人間になりたいと思いませんか？

## 判断を急いではいけない

スキルを使ってチャンスを最大限に活かす――そして潜在能力を発揮する――ことができない理由の一つは、キャリアについて考える時間が短過ぎるからです。

私のところに相談にやって来た、テクノロジー企業の優秀な女性幹部の話を紹介しましょう。彼女が幹部になったのは三か月前のこと。それ以前は広告代理店で働いていて、高い業績を維持していました。

彼女は、現在の仕事がまったく楽しいと感じられませんでした。それどころか、一度も好きになったことがないというのです。

まず、社風がイメージと違っていました。現在の会社は、工学やソフトウェアの技術者たちが創業し経営している会社で、製品主導型でテクノロジー重視の社風でした。彼女には一般的なテクノロジーの知識があり、会社の製品について勉強もしましたが、他の幹部たちと対等に議論することはできませんでした。彼女は疎外感を覚えていたのです。

彼女はまた「どうすれば会社の価値を高められるのか、私にはわかりません」と付け加えました。「管理職専門の人材紹介会社に相談して、すでに二つの会社で面接を受けました。今の会社の仕事を受けたのは大失敗だったようです。早く軌道修正した方がいいですよね」というのが彼女の判断でした。

彼女が今の仕事に精神的に耐えられるのは、心のなかでもうすぐ辞めることがわかっているからでした。

しかしその結果、同僚と親交を深めたり、事業について学んだりするのを怠るようになりました。仕事はますます退屈になり、彼女は心ここにあらずの状態だったのです。

彼女は、アドバイスを求めて私のオフィスに来たと言いましたが、私の印象では、彼女が来たのは自分の行動を正しいと言ってほしかったのだと思います。

私は、そもそもなぜその技術系の仕事を引き受けたのかと尋ねました。

「業界が好きになると思ったんです。価値のある製品を売っていますし。職場の人たちも好きだし、消費者や商品のマーケティングに関する私の知識が役立てられると思いました」

「で、何が変わりました?」

「ええと、それについてはさっき言いましたよね」

「あなたは部外者みたいな気持ちになるとか、社風になじめないと言いましたよね。でも、最初に聞いていた話とどこが違ったんです?」

彼女は黙っていました。

「具体的なアドバイスをあげられるほど、私には状況がわからないからね」と私は言いました。

「私に言えることは、文化になじむには時間がかかるということぐらいかな——まる一年かかることもよくありますよ」

社会人一年目の若者がカルチャーショックを受けるのは、よくあることです。そのため多くの会社では、新入社員を〝迎え入れる〟ためにさまざまなプログラムを提供しています。

しかし実際には、中途採用の社員も同じようにカルチャーショックを受けますし、社風になじむまでに多くの時間と努力が必要なこともざらです。

そこで私は、心の時計を一年に設定し直してはどうかと提案しました。

「一年だけやってみてはどうですか。一年経っても気が変わらなかったら辞めよう、多少後悔が残るかもしれないけどね。次に転職するときにも、たったの三〜四か月で辞めるより、一年頑張ったと言う方が説得力がありますしね」

一年後、彼女から連絡がありました。うれしいことに、仕事が楽しくて仕方がないと報告してくれました。一年前に私の元に来たときは、不幸せそうだったことも忘れていそうな勢いでした。どんな変化があったのでしょうか？

私のオフィスから帰った後、彼女は全力で仕事に取り組み、社風に溶け込もうとしたそうです。数か月後には感覚をつかみ、どうすれば会社に付加価値を与えられるか考えられるようになりました。職場の人たちとも親しい関係を築きはじめ、前よりも社風を理解できるようになりました。そして疎外感を覚えなくなったのです。

このような例はいくつでも挙げられます。ここからわかるのは、潜在能力を発揮するには、時間の尺度を調整しなければならないということです。

人間関係を構築し、環境に適応するには時間がかかります。あなたのなかの時計が時限爆弾のように時を刻んでいたら、新しい仕事になじもうと行動する余裕も、スキルを身につける余裕もなくなってしまいます。

## 頭のなかの時計を意識する

私たちの頭のなかにはいつも時計がありますが、その時計が私たちの思考に与える影響を意識することはめったにありません。

「私はもう○歳だ」、「この年齢なら何をしているべきだろうか？」、「他の人たちはどうだろうか？」、「この仕事をいつまで続けようか？」——これはほんの一例に過ぎませんが、私たちは絶えずこのように時間を気にして自問しています。こうした問いに対して、心のなかの「敗者の口調」が悪影響を及ぼすかもしれません（第4章を参照）。

自分のやりたいことを見極めるには、仮に余命があと一年だったとしたら何をするだろうかと自問しましょう。こうして最善の判断で仕事を決めたら、今度はペースを落として、時間をかけて仕事に取り組む必要があります。

多くの職業において、若者は入社して最初の数年間は大変な思いをします。しかし次の段階に進めば、単調な仕事を別の人に振れますし、仕事がもっと楽しくなり、能力を発揮できるようになります。

しかしそれは、あなたがその地点に到達するまで粘り強く仕事を続けた場合の話です。心の片隅で退職を意識したまま仕事をしていると、ベストを尽くして働こうとはしないでしょう。形だけの期限や時間的な制約を設けると、有望だったかもしれないキャリアをダメにしてしまうかもしれません。

成長するペースは人それぞれ違います。実際に、一人前になるまでに何年もかかったものの、最後にはきわめて優秀で頭のきれる重役になった人を私は大勢知っています。

頭のなかの時計に注意してください。

前に紹介したメンタルモデルや演習を使って、やりたいことを見極め、賢く仕事を選んでください。しかし、一度仕事を選んだら、その仕事に十分に時間をかけると自分に約束しましょう。十分に時間をかけた後に、正しい選択だったのかを再度評価しましょう。

私はよく「どうして二二年間も同じ会社で働き続けられたんですか?」と尋ねられます。それに対する私の答えはいつも同じです。

私は一年を一区切りとしたのです。私は仕事を二~三年やろうとは決意しませんでした。一年間で区切って、定期的に見直しを行ったのです。

一年の間は全力を尽くして仕事に集中しました。何日も、または何週間もみじめな思いをしたときも、年末にはゆっくりと自分の状況を分析しようと決めていました。残るか退職するかどうしようかと悩んで、時間や感情のエネルギーを浪費しなかったのです。

あなたは、心のなかで今の仕事にどれだけの時間枠を与えていますか？　続けようか辞めようかとグズグズ悩んでいませんか？　ヘッドハンターからの電話に応えて、面接を受けていますか？　なぜですか？

そんなことをしていると、仕事のパフォーマンスが落ちて、能力を発揮できないかもしれません。そのことを考えてみてください。

## 選んだ仕事で最善を尽くす

本書の主要なテーマはあなたであり、あなたが自分自身への理解を深めるための方法を提案することです。ただ、自分を理解するという取り組みは必要ですが、結局のところ、重要なのはあなたが何をするかです。

優秀でありながらも仕事で能力を発揮できず、せっかくのチャンスを無駄にして後悔する人を、私は大勢見てきました。彼らは、キャリアを築き上げる途上で仕事へのモチベーションと緊張感を失い、成長が止まってしまうのです。

仕事への熱意は残っていても、仕事を学ぼうとする一生懸命さを失っていきます。その理由はたくさんあります――業務で失敗した、仕事に飽きてきた、自分の仕事振りに自己満足した、または仕事以外のことに注意が向いた、など。

これらは仕方がないことかもしれませんが、ここで気をつけていただきたいのは、中途半端な気持ちで仕事をすることの意味です。

目の前の仕事で成果を出すことに集中してください。それがあなたのやりたい仕事で、なおかつスキルに合っていれば申し分ありませんが、その仕事で高い実績を上げたいなら、やるべきことはまだたくさんあります。

上司や先輩社員とコミュニケーションをはかる、仕事で今何が求められているかを分析する、そして自分を管理することは、潜在能力を発揮するうえできわめて重要です。にもかかわらずこうした側面は見過ごされがちです。

本書の第1章から第5章までの内容をマスターしたら、さらにもう一踏ん張りして、今度は〈優秀な人〉と〈一流の人〉とを隔てる要素に注意を払いましょう。それが次章以降のテーマとなります。

**やってみよう**

**仕事やキャリアに関する希望について、上司や会社の管理職に最後に相談したのはいつですか？**

ずいぶん時間が経っている場合は、
指導のセッションや年度末査定のときに
これらの話題をもち出してみてはいかがでしょうか？

今の仕事で成功するのに欠かせない三つの最重要タスクは何か、
定期的にきちんと分析しましょう。
作業時間を記録して、そのタスクに時間をかけるようにしてください。
最重要タスクを上手にこなすために、スキルを磨くと共に、
あなたの力量不足を補える人を身近に配置しましょう。

あなたはなぜ今の仕事で能力を発揮できないのですか？
それを紙に書いてください。
あなたが良い結果を出せない理由や問題などを、
リストにまとめましょう。

第６章

# 〈優秀な人〉と〈一流の人〉の違い

## 品格とリーダーシップ

自分の信念が何かを知ろうと努力していますか？

その信念に従って行動する勇気がありますか？

あなたは経営者のように行動していますか？

勝ち負けなど気にせず仕事に臨んでいますか？

自分の価値観や倫理的な境界線を
はっきりと認識していますか？

自分の長所と短所を知り、やりたいことを見つけ、自分を理解し、そうした知識を活かして仕事で本領を発揮し、キャリアを築くのは容易ではありません。

それができれば、潜在能力を発揮する可能性もグンと高まるでしょう。すべての努力は高みへと到達するためのものですが、実はさらに先へ進むこともできるのです。

そのため、次のステップでは、品格とリーダーシップについて考えます。

## 潜在能力を発揮したがった、あるスター社員の話

私は以前に、大手金融機関の出世頭だった才能豊かな男性の相談に乗ったことがあります。彼は三〇代半ばでマネージング・ディレクターに昇進しました。クライアントから好かれ、仕事熱心で、営業的な貢献度の高さから会社にも高く評価されていました。

マーケットが好きで、クライアントの複雑な問題を喜んで解決していました。学校に通い、スキルアップをはかり、ビジネスの変化に適応しました。仕事は彼にとって心のよりどころでした。

ところが、予想外のことが起きました。もっと大きなことに挑戦したいと思うようになったのです。彼は同じ部門の上層部に自分の希望を訴えました。しかし上司からは、今の仕事を続けなさいと勧められました。満足できない彼は「今の仕事は誰にでもできる仕事ですし、あまり権限もありません。私は事業部門を運営したいんです」と言いました。

それでも、上司からははっきりと「きみが一番会社に貢献できる方法は、事業部のトップに立つことではないと思うがね」と言われました。「これからもクライアントを喜ばせて、すばらしいキャリアを築いていけばいいじゃないか」

彼はこの状況について相談するために、私の元へやってきました。

「ひょっとしたら、ただの中年の危機でしょうか」彼は考えながら言いました。

「私はまだ四一歳ですが、仕事の実績がたったこれだけだなんて、受け入れられません。会社の重役たちは、私の希望を頑なに拒み続けています。どうしてなのかわかりません。気に入られていると思っていました。査定結果も申し分ありません。なのに上司は、どうして私にもっと責任の大きい仕事をくれないのか、その理由を直接教えてくれないんです」

私は彼に、一番新しい査定評価をもう一度しっかり読んで、上司のコメントを吟味してはどうかと提案しました。そのためには、彼は上司と話し合い、数値評価についてもう一度説明してもらい、発破をかけてもらう必要がありました。

私はまた「上司が、チームワークや、人の手本となる働き方、あなたのコーチング能力など、リーダーシップに関する話をするときは、よく耳を傾けてください」と勧めました。

彼は上司たちと話し合いをはじめました。そこでわかったことは、彼は不覚にも、査定中にこれらの項目にまったく注意を払っていなかったということです。

リーダーシップ関連の評価が比較的低いこと、それから若手社員への指導に関していくつか否定的なコメントがあることには気づいていました（指導していない、との指摘もありました)。しかし、これらの問題点は彼の給料や昇進には影響しそうになかったため、たいして注意を払わなかったのです。

彼は、今の仕事で成果を出すために絶対欠かせないのは、顧客を満足させ、事業をプロデュースすることだと考えていました。そのため、人材募集、トレーニング、指導などの業務には、ほとんど時間を割きませんでした。

おまけに彼は、これらは人事部か社内の誰か、彼のように営業で活躍していない者の仕事だと考えていました。上司は彼にこの考え方を改めさせようとしていませんでした。

このような状況を前に見たことがあったため、私はさして驚きませんでした。彼の仕事振りがすばらしいことは疑いありませんでしたが、彼はせまい範囲で仕事を定義していました。

もちろん、会社には優秀なビジネスプロデューサーが必要でしたが、会社が成功するには、他の人たちの上達を手助けするリーダーも必要です。彼はこの時まで、リーダーシップなどまったく関心ないかのように振る舞ってきたのです。

将来的に彼は、すばらしいビジネスプロデューサーになりたいのか、それとも幅広い仕事がしたいのか。どちらにしても、彼ならうまくやるでしょう。では、彼の実績、夢、潜在能力を発揮させるという観点では、彼にとっての成功は何でしょうか?

彼は決断しなければなりませんでした。私は「もっと大きい仕事をしたければ、行動パターンを変えなければいけませんよ」と注意しました。たとえば次のようなことです。

●もっと利他的に振る舞うこと。経営者になったつもりで考え、行動しなければなりません。新入社員の募集に携わるだけでなく、若手社員や同僚の研修、指導、アドバイスも行うのです――たとえ、それが何の功績にもならないとしても。彼がこうした業務に携わるべきなのは、これがリーダーの仕事だからです。リーダーは経営者のように行動するものであり、そのためには自分の仕事の範囲を広く定義しなければならないのです。

●幅広くリーダーシップを発揮して、人々の模範となるよう努力すること。会社の成長ぶり、コンプライアンス、リスク管理についてあまり皮肉らないこと。なぜでしょうか？　それがリーダーの仕事だからです。

●他人をほめる習慣を身につけ、自分自身はほめられようと思わないこと。今までは、仕事を一件確保するたびにヒーロー気取りで社内を闊歩していたかもしれません。本人は気分がいいかもしれませんが、プロジェクトの他のメンバーはしらけてしまいます。そんな態度を取れば、彼がレベルの高いプロデューサーであってもリーダーの器ではないと、管理職の人たちに思われてしまうでしょう。

残念ながら、彼の上司たちは一度も彼にそんな話をしませんでした。彼には幅広くリーダーシップを取る資質が欠けていたため、上司たちは彼の役割を限定して、彼に同じ仕事を続けてもらおうと思っていたからです。

上司たちは、彼を役割を果たす人、しかもきちんと果たす人とみなしていて、わざわざ変える必要はないと考えていました。しかも彼自身、リーダーになりたいという希望を一度も口にしませんでした。実際、彼の振る舞いはその反対のメッセージを発していました。

「どうして私はそのことに気づかなかったんだろう。ただのプロデューサーなんて嫌です。もっとやりたいし、もっと学びたい。キャリアを振り返ったときに、私が成し遂げたことがこれだけだったと考えるだけで、死ぬほど怖くなります」

この男性の状況でもっとも難しい点は、彼がまずリーダーシップを発揮しない限りは、管理職の誰一人として彼を高い役職につけたがらなかったことです。

実のところ、幅広くリーダーシップを発揮するポジションに就くには、往々にしてまずはリーダーらしく振る舞わなければなりません。

彼は、管理職に就きたいという希望を伝えるだけではダメだと実感しました。まずは、リーダー候補として信頼を築くために、リーダーシップを発揮する必要がありました。

彼は本格的にこの挑戦に取り組むことにしました。新入社員の採用に関わり、若手社員の指導もはじめました。

これらの新しい業務をはじめても業績と認められず、給料にも上乗せされないため、彼にとっては試練の日々でした。もっとも、感謝の言葉と共に背中をポンとたたかれたことは幾度かありましたが。

彼は見返りを期待せず、やりたいからという理由でこれらの業務を続けました。しかし、このような心の変化《メンタルシフト》を体得するのは決して容易ではありませんでした。身につけるまでに数年かかったほどです。

上司たちは最終的に、彼に指揮を執らせてみる価値はありそうだと考えるようになりました。彼はまず大学での採用活動を行う責任者に任命されました。これは重要ながらも評価の低い仕事で、彼はブービー賞をもらったような気持ちになりました。

彼がこの仕事をそつなくこなすのを見た上司たちは、その後、彼に事業部を任せることにしました。ようやくチャンスがめぐってきたのです。

# ふさわしい思考様式《マインドセット》とは？

先ほどのエピソードで紹介した男性は、いろんな意味で幸運でした。彼はプロデューサーとしての手腕が秀でていたため、リーダーシップやチームワークを軽視していても、なんとかやれていたからです。

多くの職業では、リーダーシップと品格を備えていることをきちんと示さないと、もっと早い段階で幹部候補から外されてしまいます。

本章では、潜在能力を発揮するうえで、こうした性格や行動が果たす重要な役割について考えます。リーダーにふさわしい性質や行動力は、簡単に身につくものではありません。というのも、こうした性質は指導がしにくく、長年頑張っても報われないこともあり、測定基準や尺度もあいまいだからです。

本章では、リーダーになるとはどういうことか、経営者のように振る舞うとはどういうことかを説明し、どのような思考様式《マインドセット》を実践すれば、品格ある行動を取り、影響力を格段に高められるかということについてもお話しします。(1)

また、こうした高いレベルに到達するのを邪魔するさまざまな障害についても説明し、障害を乗り越えるテクニックもいくつか紹介します。

## リーダーシップとは何か

「リーダー」と「リーダーシップ」という言葉は、いろんな意味に使われます。どちらも頻繁に使われますが、ほとんどの人は実際の意味をよく知らないのではないでしょうか。リーダーシップとは何かと一〇〇人に尋ねたら、一〇〇通りの答えが返ってくるでしょう。

私が考える定義を紹介しましょう。リーダーシップとは、自分の信念を知っていて、その信念を貫くために勇気をふりしぼって正しい行動を取る能力のことです。その行動は、組織の価値を高め、人々に良い影響を与えるようなものでなければなりません。

この定義に従えば、世の中には大勢のリーダーがいるはずです。シングルペアレント、兵士、警察官、起業家、非営利団体の経営者、大企業で働くマネージャー、大学教授、郵便の仕分け室で働く従業員――誰もがリーダーとなり得ます。

こうした人々は自分の信念を知っていて、その信念に従って行動する勇気があります。彼らは人々に価値を与えようと努力します。自分の役割を幅広く定義し、会社の経営者のように振る舞うのです。

この定義では、管理職に就いていなくてもリーダーになれます。一方で、何千人もの人々を管理する立場にあっても、リーダーになれない人がいます。人の管理はできても、リーダーの器ではない人のことです。

すべてはあなたの行動次第です。リーダーになるのに招待状はいりません。あなたの状況のなかで、あなたが行動で証明するものなのです。

ゴールドマン・サックスで働いていた頃、私はずっとこのような行動を取れる人を見つけて育て、彼らが企業や非営利組織を立ち上げるのを支援しました。

では、それがあなたと何の関係があるのでしょうか？

第5章までにいくつかの方法を紹介しましたが、それを実践しても、果てしなく成長できるわけではありません。次に進むべき道は、能力をより大きな目的のために使うことです。そうすれば、新たな段階へ上がり、思いもつかないほどわくわくする世界が開けるでしょう。

## 信念はなぜ重要なのか

リーダーになるための第一歩として、まずは自分の信念を明確にしましょう。それは簡単なことではありません。才能豊かな人でもなかなか見つからないという有り様です。

手はじめに、ちょっと視点を変えて世界を見てみましょう。意思決定者になったつもりで、自分ならどう判断するか考えるのです。

あなたならどう議論するかとか、どうやって反論するか、という意味ではありません。リーダーになるとどんな感じがするかを実感し、あなたがリーダーの立場だったらどうするか、悩むのです。

テレビやインターネットを見ると、毎日のように評論家が企業の経営者や政府首脳の行動を批判しています。しかも、批評家たちは当事者の立場に立って考えることも、自分だったらどうするかを明確に語ることもありません。

職場で耳にする噂話を考えてみてください。人々は上層部の決定についてとやかく言うもの、もしも自分に決定権があればどうしたかなどと、はたして考えているでしょうか。意思決定者の立場に立って真剣に考えることは、精神的に負担ですし、深い考察が必要です。それに比べれば、他人の行動にケチをつける方がどれだけ楽なことか。

多くの若手社員は、任された仕事をやり、黙々と仕事をし、余計な口出しをしないことが、成功への道だと考えています。上司が何を望んでいるのかを察知して、その期待に応えるような働きをすることが賢いと思っています。

要するに、上司が考えていることをくみ取り、自分もそう思うかのように行動すれば、上司から優秀だと思ってもらえる、というわけです。

世の中には、出世するための処世術がたくさんありますが、残念ながらそこには、「率直に意見を言うこと」や「波風を立てること」といった項目は含まれていません。

すばらしい職業や組織は、積極的にリーダーとして行動する人々の上に成り立っています。すばらしい組織は、率直に意見を言う度胸のある人々に支えられているのです――たとえ彼らが時には上司から反対されたり、発言した後で少し後悔したりすることがあっても。

率直に意見を言えるようになるには、まず自分の信念を知り、経営者のように振る舞うことを学ぶ必要があります。

## 意見を言わなかった、あるアシスタントの話

ある消費財メーカーのアシスタント・プロダクト・マネージャーの話を紹介しましょう。この男性は、新商品開発チームの一員として働いていました。プロジェクトリーダーはその部門の部長でした。

このチームは何か月も前から商品の発売に向けて取り組んでいました。新商品は、同社でもよく売れている主力商品のブランド拡張品でした。

発売にあたって、チームではミーティングを開いて、商品の特徴、広告戦略、新商品のマーケティングのための小売店との販売委託契約について話し合いました。販売委託契約には、小売店の店頭に飾ってもらう特別なディスプレイが含まれていました。

部長が議論を取りまとめ、発売に関して出された提案を詳しく紹介しました。そして最後に、

部屋にいた七人のメンバーに向かって「これまで話し合ってきたことで、意見や反論はありますか?」と尋ねました。

アシスタント・プロダクト・マネージャーの男性は胸騒ぎを覚えつつも、黙ってイスに座っていました。部屋を見まわしましたが、誰も何も言いそうにありません。部長が質問を繰り返しました。「じゃあ、みんなこの計画で満足しているんだな?」

彼は他のメンバーと一緒にうなずきました。

しかし彼はうなずきながらも、胸騒ぎの理由を考えていました。そして、発売計画の重要な戦略に賛成しかねるからだと気づきました。特に気に入らないのは店頭ディスプレイでした。広告費も見直した方がいいし、発売に向けた計画表も変更すべきだと思っていました。

では、なぜ彼はうなずいたのでしょうか?

「みんなに同調する自分が嫌になりました」後に彼はこう打ち明けました。「でも、全員が一致するなかで、どうして僕だけが反対できるでしょうか? それに、僕には責任は問われませんからね――それは部長の責任になるんです」

計画は決定通りに進められました。何度か問題が生じましたが、そのうちのいくつかは、彼がミーティング中に考えた通りに変更していれば、起こらなかった問題でした。彼は、僕のせいではないと自分に言い聞かせました。結局のところ、彼はチームのメンバーの一人に過ぎないのですから。

年度末の査定で、彼はありきたりな評価しかもらえませんでした。斬新なことを打ち出せない点、商売のニーズをくみ取れない点、あの商品の発売プロジェクトであまり貢献できなかった点などが批判されました。

査定担当者は、彼が優れたプロダクト・マネージャーになれるかは疑問だと述べました。当然ながら、彼は査定結果に焦り、不安になりました。査定面談では、新商品の発売方法をこんな風に変えることもできたのだと提案して、自己弁護しようとしました。

査定担当者は、「ミーティングで、その提案をしましたか?」と尋ねました。もちろん彼は、何も言わなかったことを認めるしかありません。度胸があればこんな提案もできたのに、などと主張する自分が恥ずかしくなって落ち込みました。

彼はつらいながらも貴重な教訓を学びました――「黙っていれば安全というわけではない」ということです。彼は、これからは思い切って率直に意見を言い、必要なら反対意見も唱えようと自分に誓いました。

優れた企業は、経営者のように行動する人を育てて昇進させます。そのためには意思決定者のように考え、適切な場面で率直に意見を言える度胸が必要なのです。

## 「これは私の仕事ではない」 本当にそうですか

経営者のように行動するための第一歩は、信念を抱き、それに従って行動することです。しかしそれは、第一歩に過ぎません。そこから大きく飛躍して、こうした行動こそがあなたの仕事の中核だと信じることが必要です。

私が出会ったプロフェッショナルのなかには、長年の間に会社のやっかいな問題を扱うのは自分の仕事ではないという結論に至った人が大勢いました。

このような人は、いろんな方法でさり気なく主張します。

たとえば、「私には口出しする権限はないので」と言う人。危険を冒してまで人を助けようとはしない人。個人的な実績として評価されることしかやらない人。「人に関する問題」は、人事部か、個人で解決すべきだと言い切る人。部門間の競争に勝つことにとらわれて、他の部署の社員を敵のようにみなす人。他の部署を手伝おうとしない人。

このような人は、会社の効率性を損なうと同時に自分の仕事内容を狭めています。暗黙のうちに、世の中は理不尽だとか、保身さえしておけば損することはないと思い込んでいます。

なぜこのような態度が問題かというと、大抵の場合、それはあなたに不利に働くからです。社内では、あなたはリーダーの器ではないという噂が広まるでしょう。その結果、誰もあなたと働きたがらなくなり、仕事の効率が落ち、最終的には昇進に響くでしょう。

あなたはというと、その割り切った態度のおかげで、自分が一番やりたいことに効率良く集中できると思い込んでいるかもしれません。しかし実際には、その態度のせいであなたの効率も組織への影響力も制限されるのです。

誰もあなたの行動など気づかないと思っていませんか？　誰も見ていないような気がするかもしれません。しかし私の経験では、みんなはちゃんと見ていますし、噂も広まります。

有能なプロフェッショナルであるにもかかわらず、自分の評判やキャリアを大きく損ねた後にようやくそのことに気づく人に、私は何度もお目にかかりました。

彼らは、査定結果で酷評されたり、昇進を見送られたり、組織のなかで信頼や尊敬を失ったりするまで、自らが招いた損失に気づかないようです。

## 経営者マインドの威力

潜在能力を発揮するうえで、強力な武器となるのが経営者マインドです。これを実践するのは容易ではありません。

まず、最後に勝つのは正義と公正さだと信じてください。これは、誰にでもできることではありません。この離れ業に挑戦したい方のために、行動の例をいくつか紹介します。

●自分の損得とは関係なく、他の人をサポートすること。つまり、あなたの仕事内容のなかに、「まわりの人のパフォーマンスの向上をサポートする」という項目を加えるのです。

●人をほめ、認めることを学ぶこと。それにはあなたが不安を克服して、自信をもち、人からほめられたいという欲求を抑えましょう。人に花をもたせると、あなた自身も良く見えるものだ、ということを覚えておいてください。

●行動を決断するときは、その行動が〈自分のため〉だけでなく〈組織のため〉にも役立つかどうかを考えること。優良企業では双方の利益を両立させやすい傾向があります。

●仕事をするときは、次の工程の人だけでなく、責任者のことも気にかけておくこと。つまり、自分の仕事を幅広くとらえ、上司やその上司が直面する問題にも配慮しましょう。

あまりに理想主義的だと思うかもしれませんが、決してそうではありません。経営者マインドを身につけたおかげで、有能なだけの個人がかけがえのないリーダーへと変貌するさまを、私は何度も目撃しました。

これはきわめて重要な要素ですが、財務諸表などの測定基準では表わせないため、外からは見えにくいでしょう。しかし、頭のいいリーダーはそのことを知っています。経営者マインドは企業内にもキャリアにも大きな違いを生み出すため、組織の文化に取り入れようという議論がしばしばなされます。

当然ですが、このアドバイスを実践するときは、適切に判断してください。たとえば、ミーティング中に上司に反対意見は言いにくいものです（ミーティングが終わった後、上司と二人になったときに自分の意見を述べる方がいいでしょう）。どんな戦略を実践するにせよ、経営者のように振る舞うときは、やり方をはっきりと決めておきましょう。

あなたも是非やってみたいと思いますか？　自分の気持ちをきちんと見極めてから、意識して決断を下しましょう。実にあいまいな要素ですが、あなたのさらなる飛躍を後押ししてくれるでしょう。

## 地位が高くなっても自分を見失わないこと

では、あなたが経営者のように行動すると決意したと仮定しましょう。この姿勢を自分のものにするには、リラックスして自分を偽らないことです。そうすれば、物怖じして不安に陥ることなく、自分の意見を主張できます。

これは口で言うほどたやすいことではありません。考えてもみてください。自分の意見を言うこと、評価に関係なく人をサポートすること、自分の仕事の範囲を広げることなど、どの行為にも何らかのリスクが伴います。

率直に意見を言えば、いろんなことがうまくいかなくなる可能性があります。人から反対されたり、愚かだと思われたりすることもあります。あるいは、「ベラベラと偉そうに喋る奴だな。何様のつもりだ?」と思われるかもしれないのです。

管理職たちが従業員にこのような行動を期待しているとは思えないかもしれません。もし期待しているなら、なぜ従業員に率直に振る舞いなさいと指示しないのでしょうか? なぜ人事評課は収益性などの数値的な実績ばかりを評価するのでしょうか? なぜ上司は、こうした仕事の質に関わることを指導してくれないのでしょうか?

自分に正直になろう、リスクを冒そう、と決意するには勇気がいります。キャリアを通じてこの姿勢を貫くことは容易ではありません。

就職した当初は自然体で振る舞える人を、私は頻繁に目にします。彼らは、意見が違っていれば積極的に反対を唱え、率直に意見を言うことを恐れず、提案された方策が会社の利益にならないと思ったときは、幹部に異議を唱えて問いつめます。このような人は、ほぼ例外なく社内で昇進して大きな役割を担うようになります。

ところが、やがて奇妙なことが起こります。そのような人たちも、ある程度の成功をおさめると、仕事上の利害関係が以前よりも大きくなっていきます。前よりも高い地位に就き、幹部社員との関わりが増え、重大な決定を下す機会も増えます。

彼らは立ち止まり、あたりを見渡し、自分が高いところにいることに気づきます――そして怖くなるのです。スポーツでリードした途端に積極的に攻撃するのをやめてしまうチームのように、彼らもまた安全第一にプレーしはじめます。失うものが大き過ぎると思えてくるからです。

## 保身をはかるようになった、ある店長の話

ある大手専門店で店長を務める三九歳の男性は、岐路に立たされていました。彼は九年前に米中西部の都市にある旗艦店の仕入れ担当マネージャーとして入社しました。

商才があり、リスクを計算したうえで、顧客の新たなニーズを満足させそうな、革新的な商品を提案することに長けていました。彼自身、率直に意見を言えることや、思い切って新しい

商品や取引先を試してみようと上司に掛け合えることにプライドをもっていました。

彼のアイデアはいつも良い結果につながるとは限りませんでしたが、洞察力に富んでいて、店の売り上げを大幅にアップさせました。会社ではロックスター気取りで、他の人がためらうのを横目に、ますます歯に衣着《きぬ》せぬ物言いをするようになりました。

彼は私にこう言いました。

「仕事を通して、正しければいいというものではないことを学びました。大切なのは勇気を出して新しいことを試し、主張してみんなに自分の意見を知ってもらうことです。会社にはその役割を担う人間が必要ですし、私が行動することで、他の人も行動しやすくなるんです」

やがて店長が昇進したため、彼に店長にならないかという話がまわってきました。彼はそのチャンスを逃しませんでした。結局のところ、彼の夢は店長になることだったからです。それに、自分のスキルと専門知識は店長にふさわしいとも感じていました。

店長になってからの二年間で、彼は実に多くのことを学び、経済の浮き沈みにも左右されずに、店は順調に売り上げを伸ばしました。

彼は旅行でボストンに来たついでに、私のオフィスを訪ねてくれました。

「仕事は今も楽しいですが、キャリアが安定してきたように感じます。査定結果も至って堅実ですし。でも、以前のように飛び抜けた評価をもらえなくなりました。もはや社内の期待のホープではなくなった気がします」

「何だか妙なんですよね」彼がポツリと言いました。

「大きな仕事を任されるようになり、給料が上がり、社内での地位も高くなりました。でも、なぜか気分は良くならないんです。どうも私は自分が前に嫌っていた何かになったような気がします。そう、無難にやろうとする、独りよがりの店長にね。でも今、こうやって管理する側に立ってみると、商売でリスクを取ることで失うものがたくさんあることに気づいたんです。心配性になりましたし。責任が大きくなると仕方がないのでしょうか?」

私は「心配性になった」発言について、詳しく教えてほしいと言いました。

「そうですね。大役を任されるようになり、人からの期待も大きくなりました。要するに、失う可能性のあるものが増えたんです」それから、何かとリスクを避けたがるようになったと言いました。たとえば次のようなことです。

●新しい商品を選ぶときに、リスクを負うことに用心するようになった。

●前ほど上司に反対しなくなった。彼は今では、全社の店舗運営を統括する副社長の指示を仰がねばなりません。CEOとも数週間おきに話をします。彼はこれら幹部(の地位や専門知識や意見)に対して最大の敬意を払い、ほめ言葉ばかりを口にしていたのです。

●失敗したらどうしようと考える時間が増えた――それも、考えすぎて不安になるほどに。彼は不安を軽減する薬を医師に処方してもらいました。その薬を一年ほど服用しており、最近では精神科医にかかって悩みを打ち明けるようになったそうです。

彼はまた、所得が少なかった頃よりも、今の方が貯蓄にまわすお金が減ったと言いました。

「だって私は、仕事が順調な幹部らしく振る舞わなければなりませんからね。妻からは出費を控えるよう言われます。でも、ライフスタイルを豪華なものに変えられなければ、身を粉にして働いている意味がないじゃないですか？　カントリークラブに入りましたよ、ゴルフをやらないのにね。そろそろ習おうと思ってますが」

仕事が好きかと尋ねると、イエスとの返事が返ってきました。私たちは店長の仕事に必要なスキルについて話し合い、彼のスキルが仕事に合うかどうかを分析しましたが、まさに彼にピッタリの仕事だと思いました。

私は以前の彼を思い返しましたが、彼の思考様式《マインドセット》が変わったように思えました。また、キャリアに対する姿勢もすっかり変貌してしまいました。

「五年前のあなたは、やる気満々で仕事というゲームをやっていた。物事はいつもうまくいくとは限らないけれど、マイナス面はカバーできることを知っていました。でも、今のあなたは恐る恐るゲームをしているように思えます。何が手に入るかより、何かを失うことばかりを気にかけていますね。問題はその理由です。浪費をして、さらに町の名士になりたいという野望が重圧となって、あなたの専門的なスキルを台無しにしていませんか？」

「あなたのキャリアはまだ終わってません」と私は続けました。

「実際、あなたの未来には大きな可能性があるじゃないですか。だから真剣に考えるべき問題は、あなたがそんな行動を取るのはなぜか、ということです」

彼は黙って耳を傾けていました。

「心配事をすべて紙に書き出してはどうでしょうか？　そのリストを見て、他人からどう思われるのかが気になる項目、自分のイメージが気になる項目、その他の外的な項目に分類します。それから、心配事が行動にどう影響を与えているかも書きましょう。あなたはまだ信念に従って行動したり、率直に意見を言ったり、妥当なリスクを取ったり、勝ち負けなど気にせず自由にゲームをしていますか？　たぶんあなたはバットを強く握り過ぎてるんですよ」

私は野球にたとえて言いました。

「必死にバットを握りしめていたら、バットを振るのも、ボールを打つのも難しくなります」

誰もがこの種の罠に陥りやすいと言えます。成功を享受した後、失敗を恐れるようになり、手にしたものを失うまいと執着するようになるのです。そして成功するきっかけとなったことを、やらなくなってしまうのです。

繰り返しになりますが、勝ち負けなど気にせず自由にゲームをやりましょう、というのが私のアドバイスです。

リスクを管理し、適切に行動し、威厳をもって行動することは確かに賢明です。しかし慎重になるあまりに、率直に意見を言わず、反対すべきときに黙認し、比較的安全なリスクしか取らず、それであなたにしかない能力が開花すると思いますか？

ビクビクしていては、自然に振る舞うことも、優れた直感や才能を発揮することもできません。不安は、気づかないうちにあなたのキャリアを邪魔してしまいます。

心がけ次第で、このような罠にはまりにくくなります。節約する。目立ちたがらない。大物を演じたくなったら、大物の役回りは淡々と自分の仕事をこなすよりもずっと大変だということを思い出してください。

キャリアを積み上げるに従って、経営者のように振る舞う必要性が生じます。経験を積むとあなたの意見や直感の質が上がるため、会社にとっての重要度が増すからです。つまり、あなたの貢献度が増すということです。

保身をはかるあまりに、潜在能力を発揮できなくなり、会社にも貢献できなくならないよう、注意しましょう。

## 価値観、境界線、独自の哲学

品格とリーダーシップには、もう一つ重要な要素があります。価値観や道徳的な境界線についてあらかじめ考えておくことです。

あなたの思想と実体験が組み合わさるとあなた独自の哲学が生まれます。その哲学は、あなたのキャリアと人生の指針となるでしょう。(2)

### 価値観

価値観は人生の指針です。価値観は私たちの行動を左右し、私たちの人格を形作ります。価値観とは、たとえば人生のさまざまな側面に対するあなたの考え方のことです。

- **勤勉**
- **家族の大切さ**
- **フェアプレーの大切さ**
- **チームワーク**
- **恵まれない人を助けること**
- **信念のために尽くすこと**

他にもまだ思いつくのではないでしょうか。価値観とは、あなたがこれまでの人生で築いてきた家族との体験、教育、宗教、手本となる人たちから生まれた産物です。学び、経験を積み続ける限り、あなたの価値観は時と共に進化するのです。

あなたの価値観を紙に書いて、それをはっきりと意識するようにしてください。

正しい答えなどありませんが、自分の価値観を意識できれば、キャリアや人生をどう構築するか、どんな人と付き合うかといった基準が明確になります。他にも、価値観が合わない人とは付き合わない方がいいと判断しやすくなります。

私の場合は、仕事を選ぶときも、仕事を辞めるときも、ボランティア活動に関する重要な決断を下すときも、自分の価値観に大きく左右されます。

たとえば、第3章でお話しした三人姉妹による〈プロジェクトALS〉に私も関与しているのですが、私が関わることを決めたのは、この恐ろしいALS（筋萎縮性側索硬化症）という病気の治療法を見つけるのを支援する絶好のチャンスだと思ったからです。

友人や親しい同僚を選ぶときにも、基本的に自分の価値観で判断します。私は自分がどんな行動を取りたいかも、部下や同僚にどんな行動を取ってほしいかも把握していました。

たとえば、部下にはいつもクライアントの立場に立って考え、彼らの利益を最優先してアドバイスしなさいと勧めました。確固たる価値観があるおかげで、私は毎日鏡で自分を確かめ、自分の選択を受け入れられるようになりました——たとえその選択がまわりの人たちの選択と違っていようとも。

もちろん、何度かミスもしました。あなたもミスをしたり、難しい選択を迫られたりすることがあるでしょう。自分の価値観を紙に書き、あなたが考えていることを定期的に日記に書きましょう。何かを決断するときに参考になりますし、効率アップにもつながります。

## 境界線

境界線は価値観よりもわかりやすいかもしれません。簡単に言えば、境界線とはあなたが越えないと心に決めている倫理的な一線のことです。

境界線を紙に書けば、あなたの尺度がはっきりしますし、それを基に自分の行動や、誰と付き合うか、今後どうするかなどを決めることができます。

境界線の例をいくつかご紹介しましょう。

●人を殺さない
●嘘をつかない
●人をだまさない
●人のものを盗まない

境界線を定義することが一体何の役に立つのでしょうか？　私の経験を言わせてもらうなら、あなたはいつか境界線を越えるか、核となる信念に背かざるを得ない状況に陥るでしょう。たとえば、威圧的なクライアントを満足させなければならなかった、上司の圧力で境界線を越えなければならなくなった、仲間から「そんなところで線引きするなよ」と説得された、など。あるいは誰かから「みんなやってるから」と言われ、みんなに遅れを取るのが怖くなった場合。ひどい失敗をしたものの、自分がやったと認められず、それを取り繕おうとした場合。どう対処していいかわからず、嘘をつく方が簡単だと判断してしまった場合。

重要なのは、この種のストレスにさらされてから、自分の信念を見極めるのでは遅過ぎるということです。

前もって把握しておけば、いざというときに平静を保ちながら考えるなり、先送りするなりできるでしょう。前もって境界線を見極めておかないと、ゆくゆく後悔する決断を下しがちです。何かが起きてから、自分がひどい過ちを犯したことや、その責任を取らなければならないことに気づくのでは遅いのです。

## 人はなぜ嘘をつくのか

私は企業の幹部社員を対象にした議義を何度も行い、そのなかでこれらのテーマについても率直に議論してきました。

私はよく「嘘をつくことは、倫理的な一線を越えることだと思う人は？」と質問します。全員ではないものの、大多数の人が手を上げます。次に私が「嘘をついたことがある人は？」と尋ねると、全員（私を含めて）が手を上げます。

それから私たちは嘘について議論します。特に、人はなぜ嘘をつくのか、についてです。嘘をつく理由を黒板に書くと、黒板全体が埋まってしまうこともよくあります。

- ●相手を怒らせたくなかったから
- ●ささいな問題だったから
- ●相手から怒られそうで、怖くなったから
- ●本当のことを言ったら商品を買ってもらえないと思ったから
- ●心配で、気づいたときには嘘をついていた
- ●時間がなくて急いでいたから

●不安に駆られて、つい
●野望を優先してしまったから
●相手が聞きたがることを言ってしまった

その後、講義を受けた企業幹部たちから続々と報告がもたらされました。彼らは、嘘をつく理由が明らかになったおかげで、次に困難な状況に見舞われたときに嘘をつかずに済むよう心の準備ができるようになったと言います。意識することで、落ち着いて、どう行動すべきか注意深く考えられるようになるのです。

そして、越えたくない境界線を前に、踏みとどまれるようになるのです。

## 自分の価値観や境界線を紙に書く理由

私が、紙に書くことを強く勧める理由を教えましょう。

それは、現実は厳しいからです。本書で紹介したすべてのアドバイスに従い、難しい課題をすべてこなしても、それでもまだコースを外れる人がいるからです。

なかでも重大なのは、あなたの信用を損なうか、キャリアを台無しにするような、致命的な過ちを犯すことです。利益を上げられなくても、昇進できなくても、あるいはうっかりミスをやらかしても、キャリアを絶たれることはありません。しかし倫理的な過ちを犯せば、あなたのキャリアが台無しになる恐れがあります。

結局のところ、自分の行動に責任をもたねばなりません。「命令された通りにやっただけです」と主張しても、責任逃れはできないのです。

繰り返しますが、あなたはいつか必ず何かをさせられそうになるでしょう。

あれこれ考えている余裕はないと思うかもしれません。人から無理強いされたり、不安で押しつぶされそうになったり、言う通りにしなければと焦ったり、他に選択肢がないと追いつめられたりするかもしれません。

そんな状況になってはじめて自分の価値観、境界線、信念を確認したのでは遅いのです。その瞬間、あなたは一生後悔するような決断を下すかもしれません。物事はそのように起きるからです——あっという間の出来事です。

自分はどういう人間なのか、何を信念としているかを前もって考えておけば、いざというときにも落ち着いたり、決断を先送りしたり、質問したり、あるいは誰かに相談してアドバイスを求めたりできますし、何よりも、より良い決断を下せるようになるでしょう。

前もって考えたからといって、決断しやすくなるわけではありませんが、境界線を越えそうなときに、それに気づけるようになります。この気づきがあるからこそ、正しい判断に向けて着実に前進できるようになるのです。

善かれ悪しかれ、こうした状況は起きるものです。特に、景気が悪いときには頻繁に起きるでしょう。会社が利益を上げて成長しているときは、何をどう判断すれば、経済的・法的・倫理的な責任を果たせるのかを見極めやすくなります。しかし景気が悪く、会社が生き残りをかけて奮闘しているときは、折り合いをつけて判断を下すのが難しくなります。

こうしたテーマについて考えておけば、ある程度の予防線を張れます。第4章でお話ししましたが、あなた自身に対する理解も深まります。次章で詳しくお話ししますが、重要な問題に悩んでいるときに手助けしてくれるサポートグループを作るときにも役立ちます。

## 品格とリーダーシップ

これまでに紹介したテーマに取り組んだ後に、仕事のパフォーマンスをもう一段階上げるには、品格とリーダーシップを身につけることです。私は〈優秀な人〉と、それを超える〈一流の人〉との違いを生みだす〝目に見えない要素〟は、これだと確信しています。

一流のスポーツ選手、音楽家、企業家、政府首脳などを思い浮かべてみてください。彼らが秀でているのは、天賦の才のおかげでしょうか？

それとも仕事に〝目に見えない要素〟を取り入れることで、スキルと情熱を発揮して、パフォーマンスがさらに高いレベルへと達するのでしょうか？

どんな道を模索していようとも、より高いレベルに達するには、品格とリーダーシップが欠かせません。

あなたの能力、やる気、仕事への取り組み方が十分かどうか、考えてみてください。品格とリーダーシップには改善の余地がありますか？

## やってみよう

あなたが尊敬している人物を、一人思い浮かべてください。
その人の行動のなかで、特に高く評価する項目を紙に書きましょう。
その項目のなかで、スキルに関する項目はどれで、
品格やリーダーシップに関する項目はどれですか？
リストに挙げた項目について、
あなた自身のレベルを自己採点してみてください。
あなたがそのような行動を取れないのはなぜですか？
逆にそのような行動を取るよう後押ししてくれるものは何ですか？
それぞれ紙に書いてみましょう。

あなたのプロジェクトチーム、事業部門、または会社について、
大きく変えたい点を三つ紙に書いてください。
仮にあなたが責任者だとしたら、変化を実現するためにどんな行動を取りますか？
その案のうちの一つでも、上司に対して建設的に提案したことがありますか？

あなたはなぜ職場で率直に意見が言えないのでしょうか？
その原因について考え、紙に書いてください。
その原因について友人や家族と話し合ってみましょう。
あなたの価値観を紙に書きます。
絶対に越えないと自分に誓った倫理的な境界線も書きます。
あなたの価値観や境界線について、友人や家族と話し合ってみましょう。

第7章

# 人間関係の重要性

## すべてを一人でやることはできない

耳の痛い話をあえて
言ってくれる人が何人かいますか?

状況に合わせて相談できる人はいますか?

人をサポートしたり、
相談に乗ってあげたりしていますか?

仕事や生活が変わるのに伴い、
あなたの人間関係も年々進化していますか?

潜在能力を発揮するのを邪魔する大きな障害の一つに、〈孤立〉があります。あなたが足踏みするのは、スキルが足りないからでも、運が悪いからでもありません。孤立していて、全体を見渡せないからです。

自分を客観視できなくなり、盲点が大きくなり、物事を明確に分析できないと、判断を誤ります。自ら窮地に陥り、世の中を（そして自分自身をも）曲解してしまうのです。このような孤立を打破するのに役立つのが、人との結びつきです。

今日では人との結びつきなんて簡単に築けると、思うかもしれません。今や誰もがさまざまな方法でつながっているからです。

たとえばフェイスブックに何百人もの友人、ツイッターにも大勢のフォロワー、リンクトインにも多様な職種の人たちとの人脈があります。おまけに、携帯メールや電子メールを毎日何十通、何百通と受け取る人もいます。人と知り合うのもやり取りするのも簡単ですし、むしろ知り合いが多過ぎて困るほどかもしれません。

しかし、この種の関係は当てにならないことがあります。つながっているからといって、いざというときに頼れる強い関係とは限りません。中身の濃い話を隠しだてせずに正直に話せる人（一～二人）と、膝をつき合わせて話し合えることが重要です。

## 道徳的な過ちを犯しそうになった、ある男性の話

私の古い教え子の話をしましょう。彼は先日結婚し、すばらしい仕事に就いて、幸先のいいスタートを切ったところでした。学生時代は成績優秀で、クラスメートのなかでリーダー役を担っていました。

彼は、新入社員を勧誘するためにボストンを訪れ、その際に私のオフィスに立ち寄ってくれたのでした。

私たちは数分ほど近況報告を交わしましたが、その後居心地の悪い沈黙が訪れました。

「順調かい？」と私が尋ねました。

「ええ、うまくいってます。これ以上ないぐらいに」そしてその後、「仮に、将来もし僕がある種の倫理的なジレンマに直面したら、どうすればいいと思いますか？」と尋ねてきました。

「何が言いたいんだい？　つまり、どうしたんだい？」

彼の目に涙があふれました。

「感情的になってすみません。先生にあいさつして、近況を報告したかっただけなんですが。何で取り乱してしまったんだろう」

「謝らなくてもいいよ。このオフィスでは、言いたいことを言っていいから。無理強いはしないけど、悩みがあって話したいなら、喜んで聞くよ」

「話せば長くなるんですが……」

彼は、職場で巻き込まれている苦しい状況について話してくれました。その話によると、彼は上司からある行為をしろと強く勧められました。それは実質的には違法ではないものの、彼の価値観や倫理的な一線を越える行為でした。

彼はまだそれをやってはいないものの、瀬戸際に立たされていました。さらに彼は、このことを社内の誰にも言ってはならないと、上司から口止めされてもいました。

私も同じような状況に立たされたことがありました。

「このことを誰と話し合ったんだい?」

「誰とも」

「奥さんやご両親や、家族の誰か、友人にも言ってないのかい? ということは誰にも話してないということか。どうして?」

彼はその状況にとても困惑しているのだと言いました。

「妻に言わなかったのは、わかってくれないだろうと思ったからです。それに心配させたくないですし。親しい友人は何人かいるんですが、彼らもわかってくれないでしょう。両親なんて、話すだけ無駄です。地元の聖職者たちと親しく付き合っていますが、話したいとは思いません。僕の仕事のことも、うちの会社で働くことがどんなことかもわからないだろうし」

彼は相談相手もなく孤立していました。もともと私にもその話をする気はなかったのですが、つい話してしまったようです。

私たちは彼の状況について一時間ほど議論し、彼に何ができるかを考え、一緒に計画を錬りました。彼のキャリアはまだ脅かされてはいなかったものの、上司の言う通りにすれば、彼自身、大打撃を受ける可能性がありました。

彼は追いつめられ、黙って言う通りにする以外に打つ手がないと思っていました。しかし問題について話し合うと、選択肢がいくつかあることがわかりました。

上司に気持ちを伝える（そして断る）ことも、社内の幹部社員に話すことも、あるいは会社を辞めることもできます。どんな行動を取るにせよ、自分が状況をコントロールしなければならないことに、彼は気づきました。

また、将来再び同じような状況に陥る可能性があることや、そのときに自分のキャリアや評判や幸せが危うくならないよう、対処する方法を学ばなければならないことも。

最後には、いかなる状況であっても、この種の問題は妻、家族、友人、同僚などに相談して、客観的な視点を失わないようにしなくてはならないという話をしました。

このような話はよくあります。地位や職業に関係なく、どんな人もしばしば孤独で一人ぼっちだと感じます。他にも有効な選択肢があることにはなかなか気づかないものです。

しかし第三者なら、彼らに落ち着きを取り戻させ、追いつめられたわけではないことを気づかせられるかもしれません。

人はなぜもっと頻繁に手助けやアドバイスを求めないのでしょうか？　自分が直面している問題は誰にもわからないと思い込むケースが多いようです。〝ささいな問題〟のために、友人や家族に迷惑をかけたくないと思う人もいます。自分の気持ちや悩みを話すのは恥ずかしいと思う人もいます。

そうして一人で抱え込むことで、誤った決断を下したり、チャンスを逃したり、仕事の効率が落ちたりします。将来有望だったキャリアに傷がつき、すばらしい能力が消耗されていくのです。

本章では、孤立を打開するために、どう人間関係を築けばいいかを説明します。どんな種類の支援やアドバイスを人から得る必要があるか、あなたの「サポートグループ」の一員としてどんなタイプの人を探すべきかについてお話しします。

## 関係とは何か

大抵の場合、「関係」と聞くと、私たちはデートや恋愛関係を思い浮かべます。深い情愛的な結びつきを連想する人もいるかもしれませんが、少なくとも好意がある人との関係を連想するでしょう。

おそらくあなたは、関係とは知性よりも感情に関わるものだと考えているのではないでしょうか。

「関係」と聞くと、クライアントや顧客を思い浮かべるかもしれません。銀行員は、自分の銀行に二〇年以上当座預金の口座をもっている顧客を、ホームセンターの店員は、定期的に店に来る日曜大工好きで持ち家のある常連客を思い浮かべるかもしれません。

私の場合、ニューヨークのうちの近所で、何も言わなくても注文する料理をわかってくれている食堂のウェーターたちを思い浮かべます。

そうです。世の中にはさまざまな種類の関係があります。しかし、本章では、少し分析的な意味合いでこの言葉を使います。

私は以前、有益な関係には三つの要素――相互理解、信頼、尊敬――が必要だと学びました。この種の関係を築くには、時間と労力と直接顔を合わせたやり取りが必要となるでしょう。さらには、相手に質問し、自分のことを打ち明け、正直に意見を言うことも。

この定義を念頭に、あなたの知り合いのなかで、これらの性質を備えた人をリストにしてください。ほとんどの人は、リストに載った人とリストから外れた人の顔ぶれに驚くでしょう。あなたはなぜ一部の人をリストから外したのですか？　信頼できないから？　軽率な人なので秘密を打ち明けられないから？　単にその人をよく知らないから？　あるいはその人のことをわかってはいるけれど、尊敬できないから？

一方で、好意を抱いていないのにこの種の関係を築けそうな人がいて、驚くこともあるでしょう。人との関係には、愛情や好意があるものと思い込んでいた人もいるのでは？

実は、そうとも限らないのです。自問してみてください。「あなたは、上司を好きになりたいですか？　それとも上司を理解し、信頼し、尊敬したいですか？」

相互理解、信頼、尊敬――これらの特性を備えた関係は、どうすれば築けるのでしょうか？　以下の三つをやってみてください。

## ●自己開示――あなたのことを根本から理解してもらうために、相手にあなたのことを教え

る。[1]

●質問する——相手をよく知るために、質問する。

●アドバイスを求める——あなたにとって重要な問題について、建設的なアドバイスを求める（相手にもアドバイスをあげましょう）。特に、自信がないことや不安に思っていることについて積極的に相談する。

## 信頼関係を築いていなかった、あるCEOの話

マドリードに拠点を置く小企業のＣＥＯが、私の元へ訪ねてきてくれました。この男性は、ハーバード・ビジネススクールの管理職向けの教育プログラムに登録していて、リーダーシップの取り方について相談に来たのでした。

彼は、悪い情報がなかなか耳に入ってこないと不平をこぼしました。

「部下たちはいつも、手の施しようがない事態になるまで、私に問題を報告しないんです。もっと早く報告しろと口を酸っぱくして言ってるのに。どうすればいいでしょうか？」

私が直属の部下との関係について尋ねると、彼は信頼できる関係だと言いました。

「なのに、悪い知らせや問題をなかなか打ち明けてこないんですか？」

「まあ、そうですね。はい」と彼が認めました。

「だからといって関係が悪いわけではないんです。私はみんなのことが好きですし、みんなも

そうだと思います」

「部下たちに、奥さんやご家族を紹介しました?」

「いいえ。会社のイベントはなかったですし、家族を紹介する機会もなかったもので」

「部下たちは、あなたの経歴、学歴、趣味などを知ってますか?」

「さあ。そんなことを知る必要があるんですか?」

「ええ、知っていたら全然違うかもしれませんよ」

そう言った後、私は彼に質問しました。

「部下たちは、あなたの人間らしい一面を知っていますか? 子どもが何人いるかとか? あなたが好きなこと、嫌いなこと、趣味、あなたが夢中になってやっていることとか?」

彼は黙ってしばらく考えていました。

「いいえ、今までにそんな会話は交わしたことがないと思います。そういう会話をする方がいいと思いますか?」

彼の質問に答える前に、あなたの悩みについて彼らに相談したことがあるかと尋ねました。

彼はまたしばらく考え込んだ後、「いいえ」と答えました。

「私は普段、彼らにアドバイスを求めることはありません。大抵の場合、私が何をすべきかを決めて、それを伝えます。ときには、何とかして戦略を実行するにはどうしたらいいかと戦術的な相談をもちかけることはありますが」

「従業員ともっと良い関係を築ければ、仕事がやりやすくなると思いますよ」

「もしかしたら、私はあなたの言う〝関係〟の意味をわかっていないのかもしれません。私は良い関係を築いているものと思ってましたから」

「あなたが個人的なことも話そうとしないのに、どうして人々があなたのところに悪い情報をもって来ると思うんですか?」

上司に悪い情報を伝えるのは容易なことではありません。上司への信頼と理解がなければ言いにくいからです。にもかかわらず、彼はこの種の相互理解を築くために、簡単な対策すら講じていませんでした。

彼は、私生活を打ち明けたり、自分の悩みを相談したり、重大な問題について相談したりするほど、従業員を信頼していませんでした。なのにどうして部下は自分を信頼しているから、悪い情報はすぐに教えてくれるはずだと期待するのでしょうか?

彼はしばらく考え込んでいました。人間関係について、このように考えたことがなかったのです。それから私に付き合ってくれてありがとうと言うと、帰っていきました。

その後しばらくは音沙汰がありませんでしたが、八か月後に彼からメールが届きました。そのメールにはこう書かれていました。

「オフィスでの会話をもう憶えていらっしゃらないかもしれません。でも、先生からすばらしいアドバイスをいただき、アドバイス通りに実行しました。すると社内がガラリと変わり、効率も良くなりました。そのことについてお礼が言いたかったのです」

もちろん私はこのメッセージに興奮しました。しかし、この話を紹介したのは、自慢したかったからではありません。人間関係を築くためにちょっとした努力をするだけで、仕事のパフォーマンスをアップできる、ということを伝えたかったのです。

## 人間関係力を鍛える演習

私の言うことが信じられない人は、以下に紹介する簡単な演習をやってみてください（信じる人も）。演習は一五分ほどで終わりますが、誰かとチームを組んでください。

●【ステップ1】あなたの基本的な情報で、相手が知らないことを紙に書きます。あなたの人となりが相手にわかるような情報にしてください。相手にも同じように書いてもらいます。

●【ステップ2】書いた紙をお互いに見せ合います。

●【ステップ3】相手に対する理解が深まりそうな質問を一つ書きます。

●【ステップ4】相手にその質問をして答えてもらいます。同じように、相手に質問してもらい、あなたもそれに答えます。双方共に、相手の話をさえぎってはいけません。

●【ステップ5】引け目を感じていることや悩みを一つ書きます。たとえば「私は……が苦手です」など。

●【ステップ6】書いたものを相手に見せて、その問題をどうしたらいいか、相談します。

相手が書いたものも見せてもらい、あなたも同じようにアドバイスします。

このステップをやって、何がわかりましたか？

私はこの演習を何千人もの学生や企業幹部とやりました。やる前は、みんなこの演習を少しバカげていると考えます。しかし、一五分後にいざ終わってみると、この簡単なステップの威力を思い知ることになるのです。

何年も一緒に働いてきたベテランの幹部同士でやっても、大勢の人が「今までに彼と交わした会話のなかで一番中身の濃い内容でした。彼のことがよく理解できました。もっと早くにこの演習をやっておけばよかった」と言います。

あなたの人間関係について考えてみてください。相互理解、信頼、尊敬という三つの要素を備えた関係を築くために、どれだけの時間と労力をつぎ込んでいますか？ あなたの私生活と職場の関係のなかに、この訓練を取り入れてみてください。

## コミュニケーション手段を選ぶ

人との関係を築くためには、他にも考えていただきたい重要な要素があります。それはコミュニケーションを取る方法とその環境です。

会話の内容によっては、電話よりも直接会って話し合う方がスムーズにやり取りできます。

直接会えば、相手の顔の表情やしぐさが見えるからです（相手もあなたを観察できます）。

重要な人物と話すときや、繊細なことを話すときは、電話よりも直接やり取りする方が無難です。私は、電話で議論するとうまくいかない場合が多いことに気づきました。同じ会話でも、直接会って議論する方がずっとスムーズに話せるのです。

さらには、グループディスカッションよりも一対一のコミュニケーションの方が強力だということもわかりました。たとえば、私が忌憚《きたん》のない意見がほしい（または忌憚のない意見を言いたい）と思ったら、一対一で直接会話する方が良いのです。みんなの前で誰かを批判したい、あるいは批判されたいと思う人はいないからです。

それに、繊細なことを話し合うときは、相手と会って二人だけで話さないと、その関係にヒビが入りかねません。

メッセージを伝える方法には、新たな選択肢がたくさんあります。たとえば、古くからある選択肢の他に、電子メール、携帯メール、それに携帯電話もあります。コミュニケーション手段を間違えたために仕事上の関係を壊してしまった例を、私は頻繁に目にします。

## 関係構築に苦労する、ある営業マンの話

私が先日会った営業マンは、しょっちゅうメールで連絡を取っていました。しかし、見込み客や同僚との距離がなかなか縮まらないと言って、ブツブツ言っていました。

この男性にコミュニケーションのパターンを見直してもらったところ、メールに頼り過ぎていることがわかりました。メールはむしろ、簡単なメッセージや近況報告、お知らせなどに向いています。メールは、複雑な話や難しいニュアンスを伝えるにはまったく適さないのです。たとえば、メールにユーモアや皮肉やイヤミを書くのは危険と言えるでしょう。

この営業マンは、重要なクライアントを笑わせようとしてメールを送ったところ、クライアントがそれを誤解して怒ってしまったという話をしてくれました。

彼は、言いたいことをきちんと伝えるには、クライアントに自分の口調やしぐさを見てもらうことが重要だと実感しました。彼もまた、相手を観察する必要があります。メールだと深刻な誤解につながりかねない場合があることを彼は学んだのでした。

メールを打つ前に、電話の方が効果的ではないかと考えましょう。携帯電話にかける前に、固定電話にかけることを検討しましょう。相互理解が不可欠なときは、直接会って話すことを検討しましょう。

繊細なことを話し合うときは、静かで快適で、誰にも邪魔されない場所を探すこと。どんな場合であっても、あらかじめ時間を空けておき、誰にも邪魔されずに話に集中できる場所を選ぶことを検討しましょう。

重要な人との関係をはじめる／築く／維持するために話し合わなければと思ったときは、これらの選択肢を考えてみてください。いつも誤ったコミュニケーション手段を選ぶようでは、強い絆を作るのが難しくなります。

# あなたはどんなサポートを求めているか

人間はさまざまな関係を必要とします。どんな関係を必要とするかは、時期や状況や環境によって変わります。求めるものは人によっても違います。

あなたに必要な人間関係を見極めるには、自分への理解を深めなければなりません。さらに、あなたがどんな交流を望んでいるのかを把握できれば、あなたが抱えている問題が見えてくるかもしれません。

まずは、あなたが人間関係に求めるものをリストにしてみましょう。参考までに私のリストを紹介します。

- ●愛情
- ●安心感
- ●励まし
- ●ほめ言葉、背中を押してくれること
- ●アドバイス
- ●建設的な批評とコーチング
- ●信仰や希望（すべては最後にはうまくいくと思えること）

●知的な刺激

リストを作ってみると、思いがけない項目が浮かんできてビックリするかもしれません。とはいえ、この「欲求」はあなたの状況次第で変わるので、注意しましょう。

たとえば病気のときは、その時期ならではの欲求（思いやりや優しさ）を満たしてくれる人がほしくなるかもしれません。景気が悪いときは、別の欲求（安心感と、困難な時期を乗り越えるためのアドバイス）を満たしてくれる人がほしくなるかもしれません。

問いに対するあなたの答えをしっかり分析してみましょう。深く掘り下げて、あなたを悩ませていそうなものを突き止めるのです。

たとえば、仕事に不満を感じはじめて辞めたいと思うようになったら、何らかの欲求が満たされていないのかもしれません。欲求リストを見直して、どの欲求が満たされていないのかわかりますか？

## 会社を辞めたくなった、ある共同経営者の話

先日、ベンチャー企業を共同経営している女性の友人から相談を受けました。

彼女ともう一人の共同経営者は、五年ほど前に南カリフォルニアで魅力的な小売企業を立ち上げました。地元での評判は上々で、根強い固定客もつきました。ところが友人は、仕事を辞

めて大学院に復学し、上級の学位を取りたいと言いだしたのです。

　これには驚きました。彼女の仕事振りから、私はてっきり仕事に満足していると思っていたからです。彼女は、ファッションやデザインに敏感で、センスもありました。何年も働いてようやくこの業界で経営者になり、事業も繁盛しているというのに。

「この計画をどう思う?」

「会社を辞めたいだなんて、驚いたよ。大学では何を専攻するつもりなんだい?」

　彼女はまだ決まってないと言いつつ、関心のある分野をいくつか挙げました。そして「夫も、私がやりたいことをやるなら応援するって言ってくれてるし」と言いました。

「一体どうしたんだ?　きみは今の仕事を気に入ってたし、すべて順調だったじゃないか」

　しかし彼女は、私が驚くことを予期していませんでした。

　私はアプローチを変えてみることにしました。

「なるほど。じゃあ、やりたいことを何でもできるとしたら、何がしたい?」

　彼女は少し考え、笑みを浮かべました。

「とっさに思いついたのは、私が今やってることかな。要するに、今の事業ね」

「じゃあ、どうして?」

　彼女はもう一度考え、それから共同経営者との関係について話してくれました。二人は、重要なことを決断するときに揉めるようになったというのです。

　ストレスが増え、彼女は仕事に行くのが嫌になりました。おまけに不景気で難しい決断を迫られることも多く、ピリピリした人間関係も相まって、ますます仕事がつらくなったのです。

「調和と安らぎがないとね。いざこざはご免だわ。やりたいことがあるのに、やってはいけないと諭されたくない。納得がいくまで話し合えて、建設的に働いてくれる人がいい。でも、この関係からは得るものが何もないの。だから私は辞めたいのだと思う」

「共同経営者と、そのことについて包み隠さず話せるかい?」

彼女は、この問題についてまだ話し合っていないことを認めました。

二人は二〇年もの間、友人としても親しく付き合ってきたので、双方がお互いの気持ちをわかっているつもりでした。しかしそのおかげで、二人はあえて距離をおいて新たな視点で互いを知ろうとはしなかったのです。

私はちょっとしたアドバイスを提供しました。

「二人で築いてきた大切な財産、きみがまだ愛着をもっていそうなその財産を壊す前に、共同経営者との関係を何とかしよう」

私は自己開示の演習を紹介して、二人でやることを勧めました。

「で、相手にこの関係をどう思い、何を感じているか質問し、互いにどうしたらいいかアドバイスをし合うんだよ」

数週間後、彼女から報告がありました。二人は中身の濃い議論を行い、非常に充実した話し合いができたようです。

その議論を通して、彼女は共同経営者と事業を立ち上げた経緯を思い出しました。年月の経過と共に、二人は相手の欲求について考えなくなり、互いを思いやらなくなっていたのです。

結局、二人は責任を振り分けることで合意しました。今までは、二人で一緒にたくさんの業務を分担してきました。しかしこの方法は効率が悪く、おまけに摩擦も生みだしていることがわかりました。

二人はまた、四半期ごとに「小休止」の日を設けて、互いに自分のことをさらけ出し合い、質問し合い、アドバイスを提供し合うことにしたのです。

今では、この新しい取り決めが功を奏して、二人は元通りに順調に働いています。

## サポートグループを作る

当然のことながら、すべての欲求を一人で満たせる人はいません。

ハーバードの同僚で、メドトロニック社の元ＣＥＯであるビル・ジョージは「サポートグループ」の重要性を唱えています。(2) サポートグループとは、あなたが長年個人的に関係を築いてきた人々をグループにまとめたものです。

グループのメンバーは互いに面識がなくても構いません。さまざまな状況に応じて、あなたを助けてくれそうな個人を選び出すのです。

なぜ今サポートグループを作った方がいいかというと、今後あなたがどのような助けやアドバイスを必要とするようになるか、予測できないからです。

仮にあなたが孤独で、親しい人がわずかしかいない場合、知り合い程度の人に相談してアドバイスを求めようとすると、実に気まずい思いをするでしょう。特に危機的な状況のまっただ中にいるときは、助けを求めにくいものです。

強い関係を築きたい人のカテゴリーを挙げ、それをリストにしましょう。私のリストの例をいくつか紹介すると——

- **聖職者**
- **信頼できる友人**
- **配偶者、家族の誰か、または恋人**
- **〝賢者〟(あなたのことをよく知っていて、経験豊かで判断力がある人。先生など)**
- **専門家(弁護士、医師、金融分野の専門家、建築家など)**
- **直属の上司、職場の先輩または管理職の人、職場の仲間**
- **職場の部下。特に直属の部下**

体系的にリストを作るといいでしょう。たとえば、リストを作るうちに、あなたのネットワークに大きな穴があることに気づくことがあります。特定の状況で孤立していると感じたときに、その穴を突き止めれば、孤立している原因がわかるかもしれません。

あなたの現在の人間関係のリストと、あなたが理想とする人間関係のリストを書き、これら二つのリストを比べてみてください。その穴を埋めるために何ができますか？

繰り返しますが、これは親友だの、一緒に映画やディナーに行く友人だのを選ぶものではありません（もちろん、付き合ううちにそのような関係になることもありますが）。リストに入れるのは、アドバイスや精神的なサポートや忠告をしてくれそうな人です。

同時に、あなたもまた彼らにこうしたサポートを提供する機会が生じるでしょう。あなたが自ら進んで相互理解、尊敬、信頼を築きたいと思う人たちを選び出してください。

この人たちがあなたの「サポートグループ」です。必要性に応じて選ばれた、あなた個人とつながりのある人たちです。グループで会うことはなく、メンバー同士は互いに面識すらない場合もあります。ここでの目的はあなたが彼ら一人ひとりと強い絆を作ることです。

手はじめにリストを作ってみましょう。互いに利益をもたらす持続的な関係は、双方が共に協力して作り上げていかねばなりません。よく考えて、慎重に人選しましょう。

## 人間関係の穴を見つける

この分析が終わったら、距離を置いてあなたが気づいた穴の種類を分析しましょう。なかには、深く考えなければ見えない穴もあります。

私たちはみな、人間関係に穴をもっています。いくつか例を紹介しましょう。

## 家庭に問題を抱える人

たとえ配偶者や子どもとの関係がうまくいっていなくても、私たちは毎日仕事に行かなければなりません。しかし、この精神状態では、仕事に集中できなくなったり、理解力が低下したり、不愉快なことに過剰に反応したりしがちです。

このような場合は、同僚か知り合いのなかに、悩みを打ち明けられる人や、この状況を解決するのをサポートできる人がいると心強いでしょう。専門家に相談することもできます。

いずれにしても、あなた一人ではなかなか解決できないものです。

## 職場の仲間から距離を置く人

世の中には、職場以外の場所では人と親しい関係を築くものの、職場の人には近寄り過ぎないようにしている人がいます。この決意を胸に、彼らはほとんど私生活を語らず、他の社員にプライベートな質問をせず、そのため職場で助言が必要になっても聞きにくい立場にいます。

外部にメンターがいる人もいますが、メンターから注意されなかった点を職場で批判されて、愕然とする（ときには反論する）場合がよくあります。

外部のメンターの指摘が行き届かないのは、あなたが生活時間の多くをメンターの目の届かない職場で過ごし、仕事しているからです。

スキルアップをはかったり、自分がやりたいことを見極めたり、仕事に合わせて技術を磨いたり、品格ある行動を取ったり、リーダーシップを発揮したり、自分への理解を深めたりするには、職場の仲間（先輩、幹部、同僚、部下など）からのフィードバックやアドバイスの方が断然役に立ちます。

潜在能力を発揮するには、職場の人たちとの関係が必要なのです。

## 職場の仲間としか付き合わない人

「新米のうちは、自分の立場を確立するために四六時中働こう」と決意する人が大勢います。彼らは恋人や配偶者は別として、社外の人たちとネットワークを作ろうとしません。

言い方は違うものの、大勢の人からこんな発言を聞きました――「一日は二四時間しかないですし、どうせ人と付き合うなら、会社の人たちと付き合う方が楽じゃないですか」。

このネットワーク作りには問題があります。それは、すべての物事を会社の視点から見てしまうという、別の種類の孤立を招くことです。会社にとっての一大事は、そのままあなたの一大事となります。

このような状況にいると、会社では普通にやっていることだからといって、一般的には受け入れられない行動や不当な行為を正当化しようとする場合があります。ネットワークが職場にかたよっていると、不当な行為を命じられてもそれを拒否したり、広い視野で物事を見たり、リーダーシップを発揮したりするのが難しくなります。

第2章で、非営利団体やコミュニティ活動への参加はあなたの成長につながるという話をしましたが、その理由はここにもあてはまります。

あなたも、会社が世界そのものに思えるほど孤立したくはないのでは？　仕事の外にネットワークを作ろうとしなかったばかりに、判断力やスキルが衰えた才能豊かなプロフェッショナルを、私は大勢見てきたのです。

## 人脈や知り合いが多いだけの人

いろんな人と知り合い、人脈をたくさん作り、人と会う場に必ず参加する、という方法もネットワーク作りの一つです。

たとえば、大学教授や企業幹部のオフィスに足を踏み入れるや否や、「私のメンターになってください」と言い出す人がいます。仮にその相手が「いいとも、喜んできみをサポートするよ」と言ったと想像してみましょう。言いだした若者はコネができたと喜ぶでしょうが、いざ何かをするとなると容易ではありません。

残念ながら、このやり方は人間関係の数という点では達成感があるものの、深さと質という点では、あまり良いとは言えません。

重要なのは数ではありません。実際には、強い絆で結ばれた頼りがいのある人が五～六人いれば、とても幸運なほうです。

このような関係を築いて長続きさせるには、時間と密度が必要ですし、双方が共に努力しなければなりません。このような関係は一つひとつ作り上げるものです。誠心誠意取り組まなければならないのです。

人脈にはそれなりの使い方がありますが、本物の関係（あなたが危機に直面したときに、頼れる関係）の代用にはなりません。

## 人に相談しにくいときは

私のところに相談にやって来た人たちのエピソードを、いくつか紹介しました。彼らは当初「このことは誰にも話していません」と言っていましたが、私と話し合った後に「誰かに相談してみます」と決断してくれました。

しかし、うまくいかないケースもありました。それは、彼らがあまりに長く問題を放置したため、本来なら簡単に解決できたはずの問題が、解決困難な状態にまで悪化していたケースです。彼らはなぜもっと早く相談しなかったのでしょうか？

理由はたくさんあります。人に心配をかけたくなかった、誰もわかってくれないと思った、打ち明けられるような信頼できる人／尊敬できる人がいない、打ち明けたら相手から信用されなくなるかもしれないと思った、など。

他人にアドバイスや手助けを求めないで済むような言い訳が無数に思い浮かんできたら、次の演習をやってみてください。

思い出してください。誰かから手助けやアドバイスを求められて、あなたがその人を助けようと尽力したときのことを。

思い出したら、次の質問を自分に問いかけてみてください。

●どんな気持ちがしましたか？　では、あなたがアドバイスを求められたら、どんな気がすると思いますか？

●相手があなたにアドバイスを求めてきたとき、どんな手段で連絡してきましたか？　直接会いに来ましたか？　電話かメールか手紙か、その他の手段でしたか？　その連絡方法をどう思いましたか？

●手助けするために、あなたは何をしましたか？

●そのやり取りを通して、自分のことについて何か気づいたことがありますか？

私は何年もの間、学生や企業幹部を対象にこの演習をやっています。彼らはいつも、そのときの状況を思い出して、質問の答えを書きながら笑みを浮かべます。

なぜ笑みを浮かべるのでしょうか？　それは、人から相談されるのはいい気分だったことを思い出すからです。彼らはまた、相手と向かい合って話すのが一番効果的だということにも気づきます。

相談された彼らは、相手の話を聞いたり、適切な質問をしたり、意見を述べたりしたはずです。いずれにせよ、そのやり取りを通して自分についても何かに気づくのです。

そして何よりも、そのような体験を思い出すことにより、人から助けを求められると、その人と親しくなりたい、助けてあげたいと思うものだということに気づくでしょう。

## 次なるステップ

次に、誰かにアドバイスもサポートもしなかったために悔やんだ経験を思い出してください。手助けしなかった理由を書いてください。次に、自問してみてください。「手助けしなかった結果、私は何を失ったか?」、「人に手を差しのべないときの代償は何か?」

あなたのサポートグループのリストと、あなたが協力し合える関係を築けそうな候補者のリストを開いて、よく考えてみてください。

このテーマを扱った本を読むと参考になります。ビル・ジョージの『リーダーへの旅路——本当の自分、キャリア、価値観の探求』の一読をお勧めします。

## 人との関係は時と共に進化する

物事は常に変化するため、人間関係は一筋縄ではいきません。

あなたの仕事内容は変わり、あなた自身も変わり、あなたの欲求も変わります。人との関係は不変ではありえませんし、一度築けば終わりというものでもありません。

潜在能力を発揮するには、絶え間なく関係を発展させていくことになるでしょう。人との関係を築くことは、磨き続けていきたいスキルのようなものだと考えてください。

非常に優秀なブランド・マネージャーの話を紹介しましょう。この男性は、ロンドンからドイツのフランクフルトへと家族と共に引っ越してきました。昇進に伴う海外赴任でした。彼と妻は過去に何度かドイツに来たことがありましたが、二人ともドイツ語が話せませんでした。彼らはロンドンの自宅を維持しながら、フランクフルトにアパートを借り、二人の子どもをインターナショナル・スクールに通わせました。彼は赴任する前に、数か月ほどドイツ語講座を受講してドイツ語の初歩を押さえたそうです。

企業幹部向けのプログラムの一環としてハーバード・ビジネススクールに来た彼は、ある日仕事について相談しようと、私の元へやって来ました。

彼に調子はどうかと尋ねると、「いろいろ大変です」との言葉が返ってきました。

「妻がフランクフルトで疎外感を感じていて、まだ友だちができないんです。私は職場の人たちと親しくなったものの、やや表面的な付き合いです。週末になるとロンドンに戻って妻の家族と一緒に過ごすので、フランクフルトであまり人と知り合う機会がないんです。ドイツ人夫妻から誘いがあったりもしたのですが、時間がなくてまだお付き合いできていません。私は仕事が忙しくて時間が取れないため、地域の人たちともまだなじみがなくて。日曜日はロンドンの教会に通っているので、フランクフルトの教会の人たちと会うこともありませんし。赴任して三年が経ちますが、このままやっていけるのか自信がありません」

私はすっかり同情してしまいました。

私自身も、一九九〇年代のはじめに会社の異動で日本に赴任しましたが、当時の私はまだ若く、双方にとって利益になるような関係を幅広く築けるほどの手腕ももち合わせていませんでした。そのため、満足のいく実績を残せなかったことや、幅広い視点で物事を見られなかったことが何度もありました。

私は彼に、人間関係を挙げてもらうことにしました。彼はロンドンの知り合いを大勢と、以前に赴任していたアジアの人を何人か挙げました。ところが、フランクフルトの人は一人も挙げませんでした。

「一人もいないのはどうしてですか?」と私が尋ねると、彼はドイツでは人との交流を優先してこなかったのだと認めました。

私が言ったのは、ドイツでの交流を優先すべきだ、という当たり前のことばかりでした。つまり、フランクフルトでも週末を過ごして、家族そろって地域に溶け込むよう努力する、ということです。

「さもないと続かないですよ」と私は言いました。「とはいえ、よくあることなんですよ。どこかに赴任したときは、積極的にネットワークを作らなければならないんです。ほとんどの人が、そのことを見落としてしまうのですが」

とりわけ海外赴任の場合は、人との関係を築くことも、サポートグループを維持することも難しくなります。とはいえ、海外赴任で直面する問題は、私たちが引っ越しや転職したときに直面する問題を凝縮したに過ぎません。

これはあらゆる人が取り組むべきテーマであり、しかもそのプロセスには終わりがないのです。

## 潜在能力を発揮するのに人間関係は欠かせない

誰でも、たった一人で成功することはできません。

独力でできるか試してみることはできますし、一時的にうまくいっているように思えるときもあります。

しかし私の経験と、私がこれまでに相談を受けてきた人たちの体験から判断すると、重要な分岐点で誰かを頼りにできなければ、潜在能力を発揮するのは格段に難しくなるでしょう。

あなたが相互に信頼し理解し合える人間関係を築いたうえで、その人たちと話し合うことができれば、本書のアドバイスを実践しやすくなるでしょう。

### やってみよう

**本章で紹介した、個人向けの演習をやりましょう。**

誰かとペアを組んで、自分のことを打ち明け合い、
互いに質問し合い、アドバイスを提供し合う演習をやりましょう。

あなたが抱えている問題をリストにまとめます。
いずれかの問題について、人に相談しましたか？
あなたの悩みのうちの一つか二つについて、
相談できそうな人を人間関係リストから見つけましょう。

あなたが誰かにアドバイスした体験、またはサポートした体験のなかで、
直近の体験を二つほど紙に書きます。
その体験であなたが学んだことを書きましょう。
もっと人に相談しようという気持ちになりましたか？

第８章

# なりたい自分に近づくために

## それぞれの道を歩む

僕が思うに、なりたい自分になるのに遅過ぎることはないんだ。……といっても、僕の場合は早過ぎるってことだけど。……制限時間はないし、好きなときにはじめられる。……変わってもいいし、変わらなくてもいい。……ルールなんてないんだから。……人生をフルに活用してもいいし、無駄にしてもいい。……最大限に活用してほしいけどね。……きみには刺激的なものを見てほしい。今までに感じたことがないものを感じてほしい。きみとは違う考え方をする人と会ってほしい。自分で自分を変えてほしい。つまずいても、自分で起き上がってほしい。望み通りの人生を生きてほしい。……たとえそんな生き方をしてこなかったとしても、一からやり直してほしい。

——エリック・ロス、『ベンジャミン・バトン　数奇な人生』の脚本より[1]

満足のいくキャリアを築くのは、簡単ではありません。計画通りに進めるにはかなりの勇気がいりますし、必要に応じて方向転換を迫られることもあります。

この一筋縄ではいかない挑戦には、さまざまな要素が絡んでいます。未来はどうなるかわかりませんし、世界は刻一刻と変化しています。

おまけに私たちは「夢を実現したかったらこうしなさい」といった善意のアドバイス（ときに矛盾していて逆効果のときもある）をひっきりなしに聞かされます。

これだけ曖昧模糊《あいまいもこ》とした状態だと、他の人と同じことをやりたくなるものです。そもそも、他の道はあるのでしょうか？

一般常識だのまわりからのプレッシャーだのを無視して、自分のスキルと情熱にかなう道を切り開く人はいるのでしょうか？　そんな人生ははかない夢でしょうか？　それとも現実的に可能なのでしょうか？

## 道は他にもある

これから紹介する人たちについて考えてみてください。

ビジネススクールの卒業生のなかに、アビゲイルという優秀な女性がいました。彼女は大学を卒業後、カリフォルニアにあるベンチャー・フィランソロピーの企業に就職しました。慈善事業などを行う非営利団体や社会的企業に、ベンチャーキャピタルの手法により資金提供を行う企業です。

同じクラスの卒業生の多くは金融機関やコンサルティング会社に就職しましたが、アビゲイルには慈善事業を行う起業家たちを支援したいという夢がありました。

彼女の卒業当時はこの業界がまだ目新しかったため、クラスメートたちは彼女の進路選択に困惑しました。

しかし卒業以来、彼女は二五社以上の企業・団体の立ち上げに尽力し、それらは今や世界的に大きな影響力をもつまでになりました。彼女の勤める会社は存在感を増して有名になり、彼女の仕事は今では大学生に人気の高い職業になっています。

今の仕事をこよなく愛する彼女は、ビジネススクールの同窓生がどんな地位に就いていようとも、自分の仕事と取り換えたいとは思わないでしょう。

アジムは、マレーシアにある消費財メーカーの工場長でした。いつか会社を経営したいという夢をもっていました。彼は委託製造の事業をはじめれば、グローバル展開する消費財メーカーの重要なニーズに応えられるだろうと考えていました。

しかし、彼の友人や家族は工場長という彼の今の地位に満足しており、会社にとどまって昇進することを本人に勧めていました。そんな折、彼の親が突然亡くなり、アジムは人生が思った以上に短いことを悟ります。そして事業で失敗することよりも、いつか後悔することを恐れるようになったのです。

彼は貯金を下ろし、ベンチャー企業数社の支援を受けて、新しい会社を立ち上げました。事業が軌道に乗るかどうかはまだわかりませんが（しかし、出だしは好調でした）、この新米の起業家はこう言いました。

「結果がどうなろうとも、夢でもあった仕事で僕の能力を十二分に発揮できるんですから、それはもうワクワクしますよ」

アジムは、結果よりもその過程の方が重要だという事実に気づいたのです。

ヘザーは、とある専門サービスを提供する企業に勤めていました。評判の高い仕事で、彼女はその会社で働けることを名誉に思っていました。彼女の両親は共に弁護士として成功していて、同じく専門サービス業で働く娘を誇りに思っていました。

ところが就職して数年ほどして、彼女はその仕事の主要なタスクにも、会社のミッションにも情熱がもてないことに気づきました。業績も落ちはじめました。考えに考えた挙げ句、彼女は自分がやりたいことは、問題を抱えた人たちを助けることだという結論に至りました。

三〇代前半にして大学に戻り、医学進学課程のコースを受講した後、医学部に進みました。心配した両親は彼女に考え直すよう説得しましたが、彼女は決してあきらめず、やがて精神科医になりました。彼女は毎日人を助けていて、私が知る人のなかでももっとも幸せそうに見えます。

消費財メーカーでセールス・マネージャーとして勤務するジャマルは、たとえ誰も見ていなくても職場の同僚たちをサポートするよう心がけていました。

仕事は楽しく、会社を信頼していて、同僚たちを助けることで、さらに会社に貢献しているように感じました。見返りは期待していませんでした。

就職して何年か経った頃、上級副社長のポジションに空きが出ました。ジャマルはその役職にそそられたものの、彼よりも成績のいい営業マンが何人もいることを知っていました。

ある日、CEOから電話がかかってきました。そしてジャマルに、上級副社長にならないかともちかけてくれたのです。CEOは、社内にチームワーク重視の文化を築きたいことや、ジャマルのこれまでの無私無欲の行動を見て、彼こそがこのポストにふさわしいと判断したことを教えてくれました。

ポールは、医学部を卒業した後、実入りのいい開業医への道には進まないことを決意しました。自分はむしろ途上国で医療に尽くしたいのだと気づいたからです。

先進国だったら予防できた病で多くの人が亡くなっている国――特にハイチやルワンダなど――で医療の改善に努めたいと考えました。

開業したら実入りのいい収入を期待できたのでしょうが、ポールは大学を卒業して以来、そんな大金を稼いだことが一度もありません。しかしこの選択は、世界の医療の改善に大きく貢献したいという、彼の大きな夢の実現にもつながりました。

さらにポールは、志を同じくする医学部の元クラスメートと共に、途上国の医療に貢献する非営利組織を設立しました。この組織は、世界の途上国で暮らす何百万もの人々の健康と生活の質の向上に努めています。

ポールの情熱と優れた手腕のおかげで、臓器提供者《ドナー》やボランティア、彼の考えに共鳴する医療関係者が彼のまわりに集まってきます。

私は、ここに挙げた一人ひとりを知っていますし、他にも同じような道を歩んだ人たちが大勢います。誰もがそれぞれの状況で悩み、不安でいっぱいの時期を経験しています。

彼らはみな口をそろえて、自分の潜在能力を発揮しようと努力することは旅に似ている、と言います。果てしなく続く道の途中には、さまざまな気づきがあり、新たな疑問がわき起こります。しかも、この旅には最終目的地がないのです。

本書を執筆中に、友人にこの本のタイトル（訳注：原題は *What You're Really Meant to Do: A Road Map for Reaching Your Unique Potential*〔あなたが生まれもった使命——あなたの潜在能力を引き出すための道筋〕）を伝えたときに、何度かこう訊かれました。

「じゃあ、きみは生まれもった使命を実行に移しているのかい？　自分の潜在能力を発揮しているかい？」

それに対して、私はいつもこう答えます。

「いや、まだ努力しているところだよ。まだ見極めようとしているところさ。実は私も、自分の潜在能力をフルに発揮できるのか、自信はないんだ」

私が自分に望むことは、自分を理解しようと努力し続けること、新しいことを成し遂げようと挑戦すること、新たな夢を抱くこと、新たな挑戦に挑むためにスキルを磨くことです。

それから、世界に良いインパクトを残すため、そして自分をより良くするために、新しい方法を常に模索する人間でありたいと願っています。

## この本のテーマはあなたです

私は以前、*What to Ask the Person in the Mirror*（鏡のなかの自分に訊く）という本を書きました。その本のなかで私は、リーダーシップとはすべての答えを知っていることではなく、正しい問いかけをすることだと述べました。リーダーは世界中の重荷を一人で背負う必要はありません。スーパーマンやスーパーウーマンになる必要はないのです。

リーダーに必要なのは、重要なことを自問し、時間をかけて考え、答えを導き出すことです。そうやって進む道を決め、自分の能力を伸ばし、うまく組織の舵取りをしていくのです。

私は前著に満足していますが、書き終えたときに、まだ大きな問題が未解決のまま残っていることに気づきました。すなわち、どんな疑問を抱くべきか、どんなスキルを身につけるべきか、どんな行動を取るべきかを頭でわかることと、これらのタスクを実際に行動に移せることは、別だということです。

この方程式には重要な主役がいます。そして、その主役を理解しコントロールしなければなりません。その主役とはあなたです。

あなたは自分のスキルを正しく評価できますか？　あなたは何がしたいですか？　自分というものをわかっていますか？　理想の仕事がありますか？　その仕事で突出した存在になるために、自分のスキルや情熱を活用していますか？　あなたは品格とリーダーの資質があることを行動で示していますか？　頼りになるサポートグループがありますか？

こうした自問が、あなたが仕事をし、優れた業績を積み、夢を実現していくうえで、大きく影響するのです。

しかし、これを実践する道は一つではありません。私たち一人ひとりは唯一無二の存在であり、状況に対する反応も千差万別です。

私たちは自分のペースで、自分なりの方法で前に進みます。どんな活動に秀でているかも、人それぞれ違います。人間は同じ規格で作られ、同じパフォーマンスをするようにはできていないのです。

これらを踏まえると、数多くの才能豊かな人たちが自分の個性を知ろうとしないのは、実に皮肉なことです。彼らは、自分とは何か、何が好きなのかを見極めるまで自分自身を掘り下げる代わりに、知的な問題を議論することに夢中になっています。

彼らにとっては、自分の本領を発揮するためにどうやって自分を磨くかを考えるよりも、他人をまねる方が容易だからです。実に難しい課題ですから、みんなと同じ道を歩む方がずっと

図 8-1

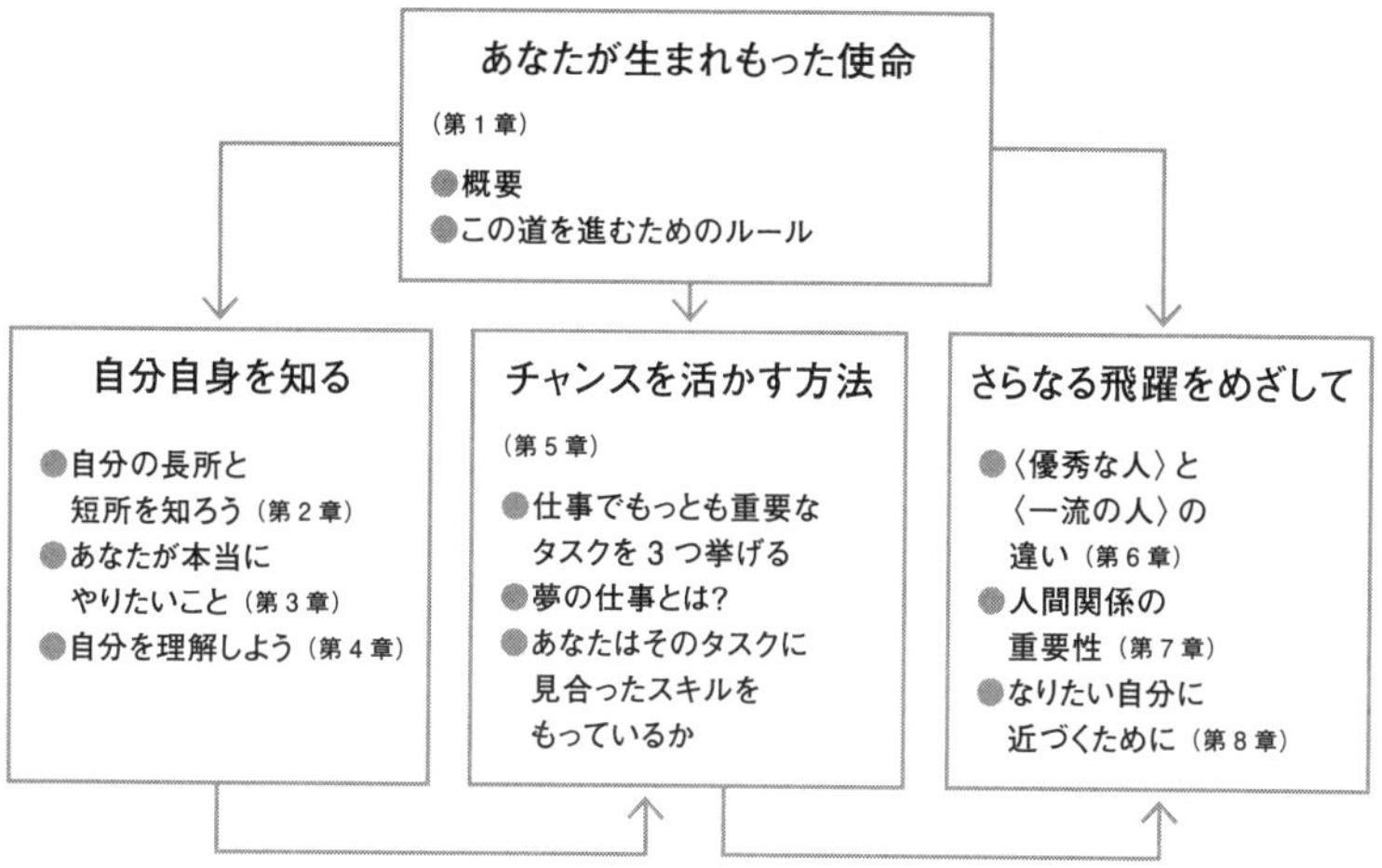


楽なのでしょう。

本書は、あなたの潜在能力を発揮するための道筋を紹介しています。といっても、この道を進むか否かは、あなたが決めることです。

## 前進する

図8－1に示したフレームワークをご覧ください。これは本書のまえがきで紹介した図と同じものです。

このフレームワークでは、まずはこの道筋のルールを理解することからはじめ、それから自分を理解するプロセスに進みます。その次に、優れた業績へとつなげるための戦略や、あなたの潜在能力にさらに近づくためのアイデアをいくつか提案しています。

潜在能力を発揮することは、会社のために戦略を練ることではありません。会社の場合は、十分な時間とお金、そして強い決意があれば、ほとんどのことを変えられます。

世界は変えられなくても、世界に合わせて会社を変えることはできます。あなたの能力を駆使すれば、会社の技術力、特徴、社風を変えられるのです。十分な時間と資源、そして決意があれば、数多くの重要な要素を変えることができるのです。

しかし、人間はそうではありません。個人のなかには、変えられる部分と変えられない部分があります。あなたのどの部分が変えられるのか、どの部分が変えられないのかを、見極めなければなりません。

私の身長は一メートル七八センチですが、あと五センチ高くなりたいと願っても、一メートル八三センチにはならないでしょう。私はシャワーを浴びながら鼻歌を歌いますが、人前で歌おうものならみんなからブーイングを浴びせられるでしょう。

私は数値に強くて分析力に秀でていますが、仮に私が数学を教えるか、高度な計算をするかしなければならなくなったら、どんなに一生懸命取り組んだとしても、いろんな問題が発生するでしょう。

将来有望な若者たちは、あたかも会社の戦略を練るように自分の人生を考える、という過ちを犯しがちです。

たとえば、仲間と同じことができなければいけないと思い込みます。自分だけが何かをできないと、せっせとそのスキルを身につけて仲間と肩を並べようとします。彼らが望むのは、仲間に溶け込むことや、仲間に競り勝つことなのです。

問題は、彼らが自分と他の人たちとの間には基本的な違いがあることをよく考えていないことです。

若者にとってより良い道とは、たとえ曲がりくねっていても、自己分析して自分がどんな人間なのかを見極められる道ではないでしょうか。

そのためには、まず自分の現在のスキルをリストにまとめ、自分に合った仕事は何かを考えなければなりません。その分析に基づいてスキル戦略を練り、自分がやりたいキャリアを選ぶのです。分析結果によっては、弱点を補う努力をし、現在の長所をさらに磨き、自分の本領を発揮できる環境を選ぶことになるでしょう。

そして長年の間にさまざまな体験をすることで、新しい考え方を身につけ、新しいことに関心を抱き、道筋を調整することになるでしょう。

## あなたの潜在能力を引き出す

本書の体系的なプロセスに従えば、本領を発揮するために努力することができます。それは他人にとっては最適な道でなくとも、あなたにとっての最善の道です。実際、誰かの道筋よりも良いとか悪いとか判断するものでもありません。ただ単に、道筋が違うだけです。

この道では、あなたのキャリアや人生を違った視点から考えます。社会通念、まわりからのプレッシャー、主流の文化などに背を向けることもあるでしょう。

カクテルパーティに出席したときに、他の人たちと同じ道を進まずに、やりたいことを選んだ理由を人々に説明するには、図太い神経が必要になるでしょう。

あなたの旅は何年もかかるかもしれませんし、その間に励ましの言葉やほめ言葉をかけてもらえないかもしれません。クラスでいつもトップだった人や、まわりの評価で自分の進歩を実感するような人は、人から認められないと精神的につらいと感じるようです。

## 次なるステップ

本書で紹介した方法は簡単にできる、などといった幻想を私は抱いてはいません。自分で進路の舵を取ることの難しさを知っているからです。

実に困難な作業ですし、不屈の精神が必要です。私はそのことを経験から学びました。他の多くの人と同じように、私も他人の意見に左右されがちです。人に好印象を抱かれたいと思っています。家賃やローンを払わなければならないために、私たちは現実的な報酬（お金など）に釣られやすいことも知っています。

私自身も、こうした責任や不安に何度も左右されてきました。

本書のプロセスに従おうと決断した方のために、ガイドラインをいくつか紹介します。

●**【日記をつける】日記は毎日書かなくても構いませんが、問いの答えを明らかにしたいと**

きは必ず書きましょう。本書で紹介した演習を行うときは、日記をワークブックとして使います。これを見れば、あなたが考えたことや気づいたことを振り返ることができます。

●【新聞を毎日読む】本や雑誌を読みましょう。世の中の出来事を把握し続けることで、地に足をつけるのです。文学や文化の傾向から、現実を把握することができます。さらに、本や雑誌や新聞で、他の人があなたと同じ状況に陥ったときにどう対処するかを読んで、参考にすることもできます。

●【できるだけ貯金する】借金の返済に迫られて、自分の潜在能力を発揮できなくなる人がいます。お金を使うなとは言いません。私が言いたいのは、借金があると、スキル磨きや夢を追求することがきわめて難しくなるということです。さらに、率直に意見を言うことも、何かに反対することも、正しいと思うことを貫くことも難しくなります。機会を見つけては貯金しておくと、後に年収がグンと上がる可能性が高くなります。貯金があるとリーダーシップを発揮しやすくなりますし、いざというときに、より良い就職先を選ぶことができるからです。

●【スケジュールのなかに休暇や休日を入れる】私はよく、何年も休暇を取ったことがないという人から相談をもちかけられます。彼らが物事を客観的に見られなかったり、自分と向き合っていなかったりすると、休んでいないことが原因だとわかります。この本のテーマは、自己認識を高めることです。自分にむち打ってばかりでは、なかなか自分というものが見えてこないものです。

●【人間関係を劣化させない】私たちはみな、この問題で苦労しています（私もそうです）。だからこそ、人との関係を長期にわたって維持するには、努力が必要なのです。私はよく人にアドバイスを求めます。何かくだらないことを言ったときや、腹を立てたときは、謝ります（頻繁に）。あなたの方が私よりも関係維持に長けているかもしれませんが、それでも努力が必要なことに変わりありません。

●【困ったときは専門家に相談する】この場合の専門家とは、精神分析医や精神科医のことです。この提案を聞くと、大勢の人が尻込みします。多くの人はメンタルヘルスの専門家にかかることを恥だと思っているようです。すべての人にお勧めするわけではありませんが、自分がわからなくて悩んでいる人は、一考の価値はあります。専門家による支援のおかげで、不安やうつ病を克服した人や、過去のトラウマを乗り越えた人が大勢います。困難を克服することと足踏みすることとでは、大きな違いです。

繰り返しますが、これらの提案は、あなたがこの本を実践するうえで役立てていただくためのものです。さまざまな問題や疑問が起きたときは、試してみてください。

## 最後に

「私は何をするために生まれてきたのか、誰か教えてくれないかなあ」

誰かがそう言うのを、私は一体何度耳にしたことでしょうか？　大抵の場合この言葉は、頭と心が一致せずに悩む人の口から発せられます。

私自身、これまでに何度もそう思いました――自分が何をやりたいのかわからなくなったとき、将来が不安になったとき、自分の決断がどう転ぶか心配だったときなど。物事がうまくいくことを願う一方で、誰かを失望させたくない、後悔したくないとも願っていました。

しかし長年の間に、後悔や不安は人生の一部だということがわかってきました。回避できないからです。

回避はできなくとも、自分に何ができるか、自分はどんな人間なのかについて、理解を深めることはできます。これまでの人生を振り返ったときに、「やりたい仕事で自分の能力を発揮できた」、「望み通りの〝変化〟を生むことができた」と感じたくはありませんか？

それはどんな変化ですか？　前述した通り、この問いの答えは個人によって違います。大勢の人があなたに「こうすべきだ」、「これを手に入れるべきだ」と進言してきますが、彼らはあなたの人生を生きるわけではありません。しかも、そのような人は自分の人生に満足していない可能性が高いでしょう。

ですから、違うやり方を試すのです。成功するかどうかは気にせず、あなたの潜在能力を発揮することに目を向けましょう。実現する方法はたくさんあるはず。あなたに合った道筋を選べばいいのです。

私の好きな格言の一つに、アルバート・アインシュタイン博士の言葉があります――「重要なものすべてが把握できるとは限らず、把握できるものすべてが重要とは限らない」。

もちろん、基準があると便利です。しかし、基準は何にでもあてはまるわけではありません。あなたにとっての「成功」は、あなたの生き様によって決まるものであり、あなたの仲間の尺度で測れるものでも、比べられるものでもないはずです。いつかそのことがわかるでしょう。あなたが自分の道を歩めば、どれだけのお金がたまり、どれだけの名声を獲得し、どれだけの肩書きを手に入れるのか、私には知るよしもありません。

しかし、もしあなたが自分の信念と方針に忠実であれば、大成功を収めたときのような感動を味わうでしょう。結局のところ、その感情が〝変化〟を生むのです。

# 謝辞

この本のアイデアと概念は、過去数十年間のさまざまな経験を基にしています。

本書を無事に完成できたのは、長年の間、私とお付き合いくださっている数多くのメンター、コーチ、友人、同僚、クライアント、そして学生たちのおかげです。彼らは個人的な話や問題を惜しみなく私に打ち明けてくれました。彼らの知恵とその度量の広さから、私は多くのことを学びました。そして学んだことが形となり、この本の土台となったのです。

私は幸運にも、一九八〇年代前半にゴールドマン・サックスでキャリアをスタートさせることができました。同社のリーダーたちからビジネス哲学やビジネス手法を教わる一方で、約二二年間にわたってさまざまな指導的役割を担うことができました。

さらに、すばらしいクライアントたちが、時間と知恵とアイデアを惜しげもなく共有してくれました。それはもはや仕事の付き合いを超えていました。また、ゴールドマン・サックスの多くの幹部社員は重要なお手本となって、私が管理能力やリーダーシップを身につけるのを助けてくれました。

ハーバード・ビジネススクールの同僚たちには、心から感謝の意を捧げたいと思います。二〇〇五年から経営学部で教鞭を執る機会をいただき、私がもっといい教授になれるよう、いつもサポートしてくれました。たとえば、問題を取り上げる方法や効果的な議論を喚起する方法を指導してくれましたし、企業のリーダーたちの仕事力アップにつなげるために、私のスキルの改善に尽力してくれました。

同僚の教授たちは、寛大ながらも厳しい思想家であり、現実の社会への理解を深めようと努める一方で、現状を改善する取り組みも行っています。実に力強い人たちであり、私がもっとスキルを磨いて学び続けようと思ったのは、彼らから刺激を受けたからです。

特に、この本の原稿を読んで有益なフィードバックをくれたビル・ジョージに感謝します。他にも、「本物のリーダーとは」の講座を教える同僚教師たち——トム・ディーロング、ジャック・ギャバロー、ジョシュ・マーゴリス、ニッティン・ノーリア、レスリー・パーロウ、スコット・スヌーク——にもお世話になりました。

この本を形作る際には、教室でのやり取りから大いに影響を受けました。ハーバード大学に就任して以来、私は実に多くのMBA専攻の学生たちや、さまざまなレベルの企業幹部たちに教える機会をいただきました。授業を通して幅広いリーダーシップ、戦略、競争上の問題にふれることができただけでなく、人間の潜在能力について深く考えさせられました。企業幹部たちとの交流から実に多くのことを学びましたし、仕事の効率をアップさせる方法や個人の潜在能力を引き出す方法を、何度も実験させていただきました。

『ハーバード・ビジネス・レビュー』には、リーダーシップと個人の潜在能力に関する論文を書かせていただきました。ハーバード・ビジネス・レビュー・プレスのジェフ・キーホーと、エリン・ブラウン、コートニー・キャッシュマン、エレン・ピーブルス、アリソン・ピーターをはじめとする皆さんは、本書の内容を充実させるために論文から引用することを勧めてくれました。彼らは本書だけでなく、私が前著を執筆する際にも何かと協力してくれました。

編集者のジェフ・クルックシャンクのサポートがなければ、この本を書き上げることはできなかったでしょう。ベテラン作家でもあるジェフは、優れたコーチ、メンター、編集者としても私をサポートしてくれました。

また、長年お世話になっている優秀なアシスタント、サンディ・マーティンにも感謝の言葉を捧げます。私が効率良く働けるのは、我慢強く私に付き合ってくれるサンディのおかげです。それからハーバード・ビジネススクールのアシスタント、ジェーン・バーレットはなくてはならない存在であり、何をやらせても見事にやってのけてくれます。この一年間、サンディとジェーンはこのプロジェクトを順調に進めるために、私をサポートしてくれました。

この本を書くことを強く勧めてくれたヘザー・ヘンリクセンに深く感謝します。それから、本書の原稿を読んでアドバイスをくれたアリッサ・エマーソン、マイケル・ダイヤモンド、ロビン・ヘイゼルウッド、アーリーン・ケーガン、ウェンディ・ワイナー、ディヴィッド・ワイナー、スコット・ワイナーにも、感謝の意を表します。

最後になりましたが、私にとってもっとも大切な私の両親と家族にも感謝します。両親と家族は私を愛し、人生において何度も私をサポートし、理解を示してくれました。この本の随所には、彼らの人生哲学、価値観、アドバイスが反映されています。

## 第6章

1.『リーダーへの旅路――本当の自分、キャリア、価値観の探求』ビル・ジョージ、ピーター・シムズ著、梅津祐良訳、生産性出版、2007年。第5章。
2. Ben W. Heineman, Jr., "Avoiding Integrity Land Mines," *Harvard Business Review*, April 2007, 100-108.

## 第7章

1. Kathryn Greene, Valerian J. Derlega, and Alicia Mathews, "Self-Disclosure in Personal Relationships," in *The Cambridge Handbook of Personal Relationships*, ed. Anita L. Vangelisti and Daniel Perlman (Cambridge: Cambridge University Press, 2006).
2. Bill George and Doug Baker, *True North Groups: A Powerful Path to Personal and Leadership Development* (San Francisco: Berrett-Koehler Publishers, 2011); および『リーダーへの旅路――本当の自分、キャリア、価値観の探求』ビル・ジョージ、ピーター・シムズ著、梅津祐良訳、生産性出版、2007年。第7章。

 以下も参照のこと。『7つの習慣――成功には原則があった！』スティーブン・R・コヴィー著、川西茂訳、キングベアー出版、1996年初版; David A. Garvin and Michael A. Roberto, "What You Don't Know about Making Decisions,"*Harvard Business Review*, September 2001, 108-116; K. E. Kram and M. C. Higgins, "A New Approach to Mentoring: These Days You Need More Than a Single Person. You Need a Network," *Wall Street Journal*, September 2008; Daniel Goleman, "What Makes a Leader?," *Harvard Business Review*, January 2004, 82-91; Roderick M. Kramer, "The Harder They Fall," *Harvard Business Review*, October 2003, 58-66; John J. Gabarro and Linda A. Hill, "Managing Performance," Case 9-496-022 (Boston: Harvard Business School, 1995).

## 第8章

1.『ベンジャミン・バトン 数奇な人生』エリック・ロス脚本（映画脚本）、パラマウント映画／ワーナー・ブラザーズ配給。2008年制作。

# 注

## まえがき

1. Robert Steven Kaplan and Scott Snook, "The Authentic Leader," course syllabus, Harvard Business School, Boston, fall 2011.
2.『リーダーへの旅路——本当の自分、キャリア、価値観の探求』ビル・ジョージ、ピーター・シムズ著、梅津祐良訳、生産性出版、2007年

## 第2章

1. Laura Morgan Roberts, Gretchen Spreitzer, Jane Dutton, Robert Quinn, Emily Heaphy, and Brianna Barker, "How to Play to Your Strengths," *Harvard Business Review*, January 2005, 74-80.
2. Robert Steven Kaplan and Scott Snook, "The Authentic Leader," course syllabus, Harvard Business School, Boston, fall 2011.

## 第3章

1.『リーダーへの旅路——本当の自分、キャリア、価値観の探求』ビル・ジョージ、ピーター・シムズ著、梅津祐良訳、生産性出版、2007年。第6章。
2. Laura Morgan Roberts, Gretchen Spreitzer, Jane Dutton, Robert Quinn, Emily Heaphy, and Brianna Barker, "How to Play to Your Strengths," *Harvard Business Review*, January 2005, 74-80.

## 第4章

1. Warren G. Bennis and Robert J. Thomas, "Crucibles of Leadership," *Harvard Business Review*, September 2002, 39-45.
2. Robert Steven Kaplan and Scott Snook, "The Authentic Leader," course syllabus, Harvard Business School, Boston, fall 2011.
3. Paul John Eakin, *Living Autobiographically: How We Create Identity in Narrative* (Ithaca, NY: Cornell University Press, 2008).

著者

## ロバート・スティーヴン・カプラン

Robert Steven Kaplan

ハーバード・ビジネススクール教授、上級副学部長。他にも、インダバ・キャピタル・マネージメント社の共同設立者にして現会長、ドレイパー・リチャーズ・カプラン基金（ベンチャー・フィランソロピー企業）の共同議長を務める。カンザス州出身。カンザス大学で学士号を、ハーバード・ビジネススクールでMBAを取得した。

専門は経営実務。ハーバード大学のMBAプログラムではさまざまなリーダーシップ講座を担当しており、管理職向けのプログラムでも教えている。著書に、*What to Ask the Person in the Mirror: Critical Questions for Becoming a More Effective Leader and Reaching Your Potential*（ハーバード・ビジネス・レビュー・プレス、2011年）がある。ハーバード・ビジネススクールのリーダーシップ関連のケースを数多く執筆。『ハーバード・ビジネス・レビュー』誌で発表した2本の論文"What to Ask the Person in the Mirror"と"Reaching Your Potential"は高い評価を受けた。

2005年にハーバードで教鞭を執りはじめる前は、ゴールドマン・サックスに22年間勤務し、さまざまな管理職を歴任。副会長としてグローバル投資銀行部門と投資運用部門の監督責任を担った。また、同社で若手リーダーの育成にも尽力している。副会長になる以前は、グローバル投資銀行部門の共同部長、コーポレート・ファイナンス部部長、アジア太平洋投資銀行部門（拠点は東京）部長として活躍。1990年に同社のパートナー（共同経営者）となり、現在もシニア・ディレクターとしてとどまっている。

一方で、非営利団体や地域団体でも幅広く活躍。ハーバード・ニューロディスカヴァリー・センターでは諮問委員会の初代副委員長を務めた。他にも、〈プロジェクトALS〉会長、TEAKフェローシップ初代共同会長、フォード財団理事などを務めている。また、米大手金融機関ステート・ストリートの取締役、グーグルの投資顧問委員会委員長を務める他、数多くの企業に顧問として携わっている。

キャリアを通じて、若手から中堅まで、数多くのプロフェッショナルのコーチングを行ってきた。現在では"キャリア相談室"さながらに、学生だけでなく社会人までもがハーバード大学のカプラン教授の部屋を訪れ、キャリアや人生について相談を行っている。

訳者

## 福井久美子（ふくい・くみこ）

英グラスゴー大学大学院英文学専攻修士課程修了。英会話講師、社内翻訳者を経て、現在はフリーランス翻訳者。主な訳書に『最強スパイの仕事術』（ディスカヴァー・トゥエンティワン）、『バビロンの大金持ちの教え』（PHP研究所）などがある。

装丁　宮崎謙司／加納友昭
lil.inc（ロータス・イメージ・ラボラトリー）

校閲　円水社

# ハーバードの自分《じぶん》を知《し》る技術《ぎじゅつ》
## 悩《なや》めるエリートたちの人生戦略《じんせいせんりゃく》ロードマップ

2014年7月20日　初　　版
2018年10月30日　初版第9刷

著　　者　ロバート・スティーヴン・カプラン
訳　　者　福井久美子
発 行 者　小林圭太
発 行 所　株式会社CCCメディアハウス
〒141-8205
東京都品川区上大崎3丁目1番1号
電話　03-5436-5721（販売）
03-5436-5735（編集）
http://books.cccmh.co.jp
印刷・製本　大日本印刷株式会社


Printed in Japan
ISBN978-4-484-14111-4